「私、パソコン苦手です」
という人のための

Zoom

時代の
リモート営業入門

朝倉千恵子
ASAKURA Chieko

実業之日本社

はじめににかえて

　はじめに、一つ謝らなければならないことがあります。この本を手に取ってくださった方は、「今流行りの『Zoom』を使った新しい営業の方法が学べる！！」と考えていらっしゃったかもしれません。ウキウキとした気持ちで本を開いてくださった方もいるでしょう。

　しかし、この本は、「Zoom」を使うための手引書ではありません。「パソコンが苦手」、「オンラインって抵抗がある」そんなあなたのために書いた、これからの時代を生き抜く指南書です。

　新型コロナウイルスを機に一気にオンライン化した日本社会。オンライン、デジタルを使いこなせる人とそうでない人で大きな格差が生まれようとしています。

　かくいう私も、もともとパソコンをはじめとしたデジタル分野は大の苦手でした。正直に告白すると、苦手だからと避けていました。

　オンラインだと心は伝わらない
　オンラインだとコミュニケーションは深まらない

そう思い、アナログ、対面でのコミュニケーション術を教えていた私が、なんと今回「Zoom時代のリモート営業力」というテーマで本を執筆しているのは、なんとも不思議なことです。

　この本を執筆するに至るまでに、私はいくつもの決断と変化を繰り返してきました。

大恐慌時代を生き抜くために

　2020年3月、私は電話がなるたびに、胸がキュウッと締め付けられる思いでした。正直、生きている心地がしませんでした。

　私は、人材教育会社の社長をしています。事業の柱は、企業での社員研修です。本来であれば3月〜5月の時期は新入社員研修の真っただ中。一年で一番の繁忙期です。

　ところが、かかってくる電話はほぼ100% 研修キャンセルと延期の電話だったのです。

　企業研修は110社以上延期・キャンセルが相次ぎ、売り上げでいうと4月は赤字（利益ではなく売り上げが、です）に、5

月は前年比９％（つまり、マイナス91％）の大打撃を受けました。それでも社員には給与を支払わなければいけません。取引先各所への支払いもあります。大赤字です。会社始まって以来の大ピンチでした。

　そんな中、全国的な新型コロナウイルス感染症拡大の状況を鑑み、東京本社では３月26日から、名古屋支店では４月16日から完全在宅ワークへと切り替えました。東京はこの原稿を書いている2020年10月の段階でも、原則在宅ワークを継続しています。

　弊社はもともと、超アナログな会社です。社長の私をはじめ、パソコンやインターネットに関することは苦手な社員が多いことに加え、研修でお伝えしている内容もリアルな対面を前提としたコミュニケーション力強化が強みでした。

　この先どうしようか、と文字通り頭を抱えていた時、部下の一人が私にこう言ってくれたのです。

「社長、Zoom で、リモートで、全国にいる受講生や新入社員の方とつながりましょう！」と。

　この部下の一言が、我が社を救うことになりました。

はじめは、半信半疑でした。過去に「Zoom」も使ったことはありましたが、あくまでそれはどうしてもリアルで会えない人とコミュニケーションをとるためのもの。リアルの代替品という考えを持っていたからです。

　とはいえ、四の五の言っていられない状況です。やれることは何でもやろう！　と最初の一歩を踏み出しました。

　最初からうまくいった訳ではありませんでした。もともとデジタルは苦手分野ですので、「Zoomでミーティングを開いてください」と言われても、何をどうすればいいかも分からず、困惑しっぱなし。

　お恥ずかしながら、Zoom 講座の途中で音声が切れてしまったり、YouTube ライブ中に、ガラス窓に裏方の社員の姿が映って丸見えになってしまったり、といった大失態も経験しました。

　それでも、一つずつ積み重ねてきて、今ではこれまでリアルで行ってきた公開型のセミナーは全てオンラインに切り替えました。

　この数ヶ月の間に、営業スタイルも、研修のあり方も、カリキュラムも、ビジネスモデルも大転換をしてきました。

　もちろん、もともと超どアナログだった会社が、急にＩＴ企業になったわけではありません。でもその舵切りの勢いと変化のスピードはどこの会社にも負けないと自負しています。

　2020年８月４日には、新型コロナウイルスの影響で経営改革を行った会社の１つとして、ＢＳ12トゥエルビ『賢者の選択 FUSION』にてご紹介もしていただきました。

死闘を繰り広げる経営者たち

　私が知っているだけでも、業種業界問わず、経営大改革を迫られた企業がたくさんありました。

新型コロナウイルスの感染拡大において、最も被害を受けた業界の一つが飲食業界です。全国的な外出自粛、営業自粛要請により事業存続の危機に陥った会社をいくつも見ました。そして実際に閉店してしまったお店も数多くあります。飲食店の場合、テナントの解約が半年前通知であるところも多いですから、残念ながらこれから年末にかけて、また閉店する店が増えることは、容易に予想できます。

　これまでの飲食店のビジネスモデルでは、店舗への来店がなければ売り上げはゼロです。売り上げがなければ、お店や会社はやっていけません。

　そんな中、この大苦境の中でも、諦めず、前進し続ける姿を見せてくださった方がいます。私どもの研修を導入してくださっている、福岡の「竹乃屋」グループの竹野　孔 社長です。

　竹乃屋さんは、緊急事態宣言後、宴会のキャンセルが2万名以上、44店舗中43店舗を閉店、パーティーイベントができるほどの大型店舗の新設工事中に開店延期の決定……。
　当事者でない私ですら目を塞ぎたくなるような厳しい現実の中でも、令和2年度の新卒入社42名を含めた、1,000人以上の社員の雇用は維持すると、竹野社長は明言をされたのです。

その覚悟は、行動に表れていました。社員を1,000人も抱える大企業が、こんなスピードで変化をできるのかと私は本当に驚きました。

店舗業務ができないため、4月に名物の「鳥皮」と「焼き鳥」の通信販売を開始、当初はカード決済もできず代引きのみで、何も整っていない状態から、とにかくスタートされたことがよく分かりました。

それからすごい勢いでホームページを整え、商品を展開していきました。「竹乃屋」さんが店舗で使用していた平飼いの鶏の卵「あかね農場つまんでご卵」というこだわりの卵を皮切りに、ステーキ肉やいかの塩辛、お刺身など次々と通販商品が増えていったのです。

その陰には商品一つひとつ、通販用に試作をして、試食をして、衛生管理のチェックをして……。私はその現場を見ていたわけではありませんが、社長も、役員も、店長も、新入社員も、みんなが全員で闘わなければこのスピードで、この大改革はあり得なかったはずです。

誰よりも苦しい状況に立たされたはずなのに、竹野社長からは「諦める」という言葉はありません。

あの手、この手、やれることは全部やる！

　そんな竹野社長の意気込みと奮闘する姿は、創業以来の危機に直面していた私に大きな力を与えてくれました。

▼博多　竹乃屋オンラインショップ
https://takenoya.easy-myshop.jp/

「雇用」はもはや当たり前ではない

　一方、泣く泣く会社をたたんだ経営者仲間もいます。社員に頭を下げて、辞めてもらうしかなかった人もいます。何十年も続けてきたのに、その歴史に幕を下ろすしかなかった店もあります。

　わずか数ヶ月のうちにそんな出来事がたくさんありました。助けてあげたくても手を差し伸べることができなかったこともありました。

　ところが、です。

　そうした状況にもかかわらず、世の中全体は随分と楽観的なのです。経営者や個人事業主が、文字通り生きるか死ぬかの瀬戸際で闘っている最中、「在宅勤務なら嫌な上司に会わなくて

よくてラッキー！」「通勤がなくなって楽ちん！」くらいに考え
ている人をたくさん見かけました。

　もちろん、立場が違えば責任も違うわけですから、経営者の
ように苦しむべきだ、などとは思っていません。しかし私はと
ても不思議でした。

「なぜ、いつまでも会社が守ってくれると思っているのだろ
う？」と。

　ストレートに言います。

　今、多くの日本企業には何があっても皆さんを守ってあげら
れるだけの体力は残っていません。ごくごく一部の大企業は、
いざという時に備えて現金を蓄えており、数年間売り上げがな
くても給与を支払い続けることができる、なんていう話もあり
ますが、それは0.01% 以下の世界です。日本企業のうち99.7%
が中小企業です。経営者がどれだけ望もうとも、売り上げがな
ければ社員を雇用し続けることはできないのです。

　コロナ以前から、「個」の時代が加速すると言われていました
が、その動きは今後ますます加速します。会社としては、正社
員を雇うよりも、フリーランスと業務委託で契約したほうがリ

スクも固定費も少なく済みます。

　社員一人を雇用する場合、社員に払う給与が仮に年間500万円だったとしても、実際には社会保険料や交通費、備品代、オフィスのデスクと椅子、採用費などさまざまな費用がかかっており、人件費は給与の2.5倍〜3倍と言われています。

　これからは、正社員神話は崩壊し、ピンで活躍できる人材が求められるようになります。会社はますます、「雇用」というリスクを負わなくなります。その流れは営業職にも間違いなくやってくるでしょう。

　売れない営業を抱えている余裕は、もうないのです。右も左も分からない新入社員を採用して、3年も5年もかけて育成する時間もありません。

　ならば、フリーランスの営業の方と代理店契約をして、売れた分に対して成果報酬をお支払いしたほうがずっと効率的です。

　私は経営者、それも人材育成を行う会社の社長ですから、〝企業が人材育成、社員教育を諦めてはいけない〟という信念を持っています。私自身、社員とその家族の生活は何が何でも死守すると決めています。しかし「それはもう限界だ」という経

営者の本音も十分理解できます。

　今、経営者たちはみんなギリギリのところで踏ん張って耐えています。社員とその家族を守ろうと必死に闘っています。

　しかし一方で、皆さんにはこの危機的状況において、「雇用」があることが当たり前ではないということを知ってほしいのです。どんな大きな会社でも、いつ限界がきてもおかしくない時代です。これからは、ピンで稼ぐ力があるかどうかが大きな分れ目になります。

　リモート営業が加速する時代は、勝者総どりの時代です。真に求められる営業はたった３％の人材だけ。

　これからそんな時代が始まります。

　楽観視している暇はありません。この激動の時代を生き抜く術を、ここから一緒に探していきましょう。

▲いち早くオンライン開催へ踏み切った著者主催セミナー
「トップセールス育成塾」。「Zoom」で全国の受講生とつながった
（秋葉原ベストセラースタジオにて〈代表・島居渉氏〉）

『「私、パソコン苦手です」という人のための
　Zoom時代のリモート営業入門』　目次

序　章　これからの時代の営業

実録！　積水ハウスグループ協力

「こうして私は完全リモートで
リノベーション物件を完成させた」

第 1 章

世界大変革の時代に生き抜く
営業パーソンになるには

第 2 章

オンライン時代だからこその
第一印象の磨き方

もうごまかしが効かない、スピーチ力　101

第3章

オンライン時代の営業力

第4章

コミュニケーションの常識をアップデートする

第 5 章

結果を出すための
「新規開拓」

第6章

「あなたから買いたい！」と
言われる自分となれ！

ブックデザイン　大場君人
編集協力　但馬　薫
写真協力　積水ハウスグループ

実録！　積水ハウスグループ協力

「こうして私は完全リモートで
リノベーション物件を完成させた」

befor

after

完全リモートで
フルリノベーション物件を完成

　これからの時代の営業を語る上で、最初にぜひとも共有したい私の実体験があります。

　2020年5月、私は南紀白浜に新しいテレワーク用の物件を作ることを決めました。もともと家族で所有してきた別荘を、今後の仕事と人生の新たな拠点にしようと、フルリノベーションすることにしたのです。

　このリノベーション物件は、最初の打ち合わせから完成に至るまですべてリモートで行いました。
　つまり、一度も現場を見ることもなく、担当の方々とリアルにお会いすることもなく、こちらからの条件提示もローンの契約も、リフォームの契約も経過報告も、すべてメール、ショートメール、ウェブ会議でのやりとりのみ。そうして2020年9月22日、無事、竣工式を終えることができました。

▲9月22日に終えた竣工式にて

　まずはこのリノベーション物件をつくるに至った背景を、少しご説明したいと思います。

　私の人生を懸けたライフワークである「働く女性のための仕事塾『ＴＳＬ』（トップセールスレディ育成塾の略）」は、このコロナ禍にあって2020年6月開講の期から完全リモートのセミナーに切り替わることになりました。

　それまでのリアル開催の「ＴＳＬ」では、受講タイムは究極の営業力を身に着けるために、私も受講生も真剣を交えるほど

の緊迫感で学び合う一方、受講後は毎回「心のジャケット」を一気に脱ぎ払い、ワイワイと楽しく懇親会を催してきました。

　学びも真剣、飲みも本気！　全国2,500名を越す卒塾生は、口をそろえて「大人になってからこんなに親しい友達ができるなんて思ってもみなかった」と言うほど、深い絆で結ばれることが「ＴＳＬ」の醍醐味の一つです。

　リモート形式であってもセミナーの内容はリアル時代と全く遜色ない、いや、むしろメリットのほうが多いと自負していますが、如何せん塾生同士のつながり・絆を深めるにはどうすればいいだろうか……。

　そんなことを思いあぐねている時、パッと浮かんだのが南紀白浜の別荘でした。

　私の大好きな南紀白浜に、日頃、社会の第一線で忙しく働く塾生たちと集い、楽しく時を過ごしながら（楽しくお酒を飲みながら？）、人生と仕事について語り合いたい！

　これは、いわゆるインスピレーションというものです。

**　朝倉千恵子、思い立ったらすぐ行動が信条です！**

　私は鮮明に思い描いたこのインスピレーションを実現するため、５年ぶりに“ある方”に電話を入れたのでした。緊急事態宣言下にある2020年５月18日のことでした。

17年間「一流のオフィス」に 投資してきた理由

　コロナ前まで、私は「オフィスは東京の超一等地」と決めていました。私も、社員も講演・研修・商談などで全国を飛び回る生活をしていましたので、アクセスの良い場所にオフィスがあり、住居があることが必要だったのです。

　当社、新規開拓は2010年から丸の内ビルディング（丸ビル）に本社オフィスを構えてきました。「天下の丸ビル」といわれる建物ですから、周囲は誰もが名前を知っているような超有名企業ばかりです。賃料も当社のような一中小企業にとっては、ものすごく高額です。

　しかし本社が丸ビルにあるというブランド力、日本の一流企業が集う場所で働くという社員のモチベーション、何より全国から訪れる受講生にとって東京駅直結というアクセスの良さと「丸ビルでセミナーを受ける」というステータス etc……。もろもろを考えれば、むしろお得だと考えていました。

　私のオフィスに対するこだわりは、今に始まったことではあ

りません。丸ビルの前は、帝国ホテルタワーにある英国のレンタルオフィス「リージャス」を借りていました。帝国ホテルタワーに移転したのは、2003年2月1日。創業間もない頃です。

　後述しますが、当時私には多額の借金もあった上、なんと帝国ホテルのオフィスの賃料は、当時の私の月収の数倍。家賃は収入の3分の1以内に抑えるというのが企業経営の定説と聞いたことがありますが、家賃だけで大赤字の状態です。周囲の人たちは「身の丈に合ったオフィスにすべきだ」と大反対でした。

　帝国ホテルタワーのオフィスは、オフィスそのものが素晴らしかったこともありますが、住所が「東京都千代田区内幸町1－1－1」で、これから「ナンバーワン！」を目指そうという私たちにとって、これ以上ない場所でした。
「能力を未来進行形で考える」とは、尊敬する京セラ創業者・稲盛和夫さんの言葉ですが、まさに自分と会社の未来を信じて、清水の舞台から飛び降りる覚悟で、契約書にサインをしたことを今でも昨日のことのように思い出します。

　帝国ホテルタワーも、丸ビルも、アクセスが良いことや、設備が整っていることもありますが、それ以上に、場所そのものにブランド力があります。
　社員が胸を張って「ここで仕事をしている」と思えること、

受講生やお客さまがいらっしゃった時も迷わず辿りつくことができ、かつ「**こんな素晴らしいところにオフィスを構えている会社だ**」**と信頼してもらえることに、大きな付加価値があるのです**。特に創業間もない頃は、オフィスへの賃料によって何物にも代えがたい"信用力"を買っていたと思っています。

ある日一変した、「働く場所」についての考え方

　ところが、このコロナ禍でテレワークが始まってみると、「どこにいるか」「どこで仕事をするか」の重要性がほとんどなくなりました。

　元はと言えば、新型コロナウイルスの感染拡大防止の観点からはじめたテレワークでしたが、実際にやってみると社員とも、お客様とも、それこそ世界の裏側にいる人ともリアルタイムで繋がることができ、その便利さと快適さに驚くばかりでした。

　特別な投資は必要なく、パソコンやタブレット一つあれば、どこにいても仕事ができることを実感し、これまでオフィスは一等地でビルの外観にも内装にもこだわってきた私でしたが、一転して「どこで働いたっていいじゃない」という考え方に変わりました。

　そもそも、コロナ前を考えてみても、仕事で結果・成果を出している社員はいつも全国各地を飛び回り、丸ビルオフィスにはほとんどいませんでした。私自身の営業時代も、直行直帰で

お客様のもとを駆け回り、オフィスに滞在する時間はほとんど
なし。それでも年間で数千万円を売り上げれば優秀とされる研
修会社で、私は1人で億を超える売り上げをあげることができ
ていたのです。

**オフィスがあろうとなかろうと、人が見ていようといなかろ
うと、ちゃんと仕事をする人はするし、逆に手を抜く人はどん
なに監視が厳しくても手を抜く方法を見つけます。**

　新型コロナウイルスに関する緊急事態宣言はすでに取り下げ
られていますが、我が社の東京オフィスではいまも原則テレ
ワークを続けています。オフィスに来るのは、必要な時だけ。
当社に限らず、オフィスが持つ意味はこれから大きく変わるこ
とは間違いないでしょう。

「すべてリモートで
リノベ物件をつくりたい！」

「どこでも、どんな場所でも働けるのであれば、
　大切な思い出のある場所で暮らし、働きたい」。

　そんな思いが芽生えた私の頭に浮かんだのは、亡くなった両親がとても気に入って、そこに住みたいと言ったことにより購入した南紀白浜の別荘でした。あの別荘でなら、ずっと両親の俤（おもかげ）に包まれて過ごすことができるような気がしたのです。

　折しも世の中では「ワーケーション」という働き方が注目されているといいます。
　「ワーケーション」は「ワーク」（仕事）と「バケーション」（休暇）を組み合わせた造語です。休暇中に働くというニュアンスで使われることが多いですが、私は今後仕事とプライベートの境界線はなくなっていくと考えています。そうなるとワーケーションそのものが生き方になるのではないでしょうか。

　この南紀白浜の別荘と塾生の存在が結びついた時、すぐにこの物件を私の第二の拠点にしようと思い立ちました。そのため

には仕事をする環境を整える必要があります。いま流行りの「リノベーション」することを決意しました。

　そこで、かつて積水ハウス和歌山支店で私が営業研修を担当させていただいた当時に支店長でいらっしゃった、加藤雅之さん（10月現在：積水ハウスリフォーム中日本・京都営業所長）に、急ではありますが、5年ぶりにご連絡をしました。当時から、お客様からも部下からも信頼を得ているとても素敵な支店長でした。

　2020年5月18日、私は5年ぶりに加藤さんに電話をかけ、「究極のリモートオフィスを作りたいんです！」と相談をさせていただきました。

　リノベーション内容の大きな要望は、
・家族使用だったのを、ＴＳＬの塾生たちが一緒に集える場所をつくり、場合によっては数人程度、泊まれるようにしてほしい
・仕事に集中できる空間はもちろん、映像の配信なども行えるようスタジオを併設してほしい
ということ。

　さらに私としては、譲れない条件が2つありました。

1つは、2020年6月に初めてのリモート開催となった期の全過程が終了した9月には、新型コロナウイルスも下火になっているだろうから、それまでにリノベーションを完了してほしい。そこに修了した塾生を呼びたいと思ったのです。

　もう1つは、すべてリモートでの打ち合わせだけでリノベーションを行ってほしいということです。
　私自身、「オンラインＴＳＬ」でリモート営業について教えている立場です。新型コロナウイルスの影響で、お客様とお会いすることもできなくなり、「これからはオンラインの時代になる」とは感じたものの、本当に人はオンラインだけで大きな買い物ができるのか？　どうすれば買いたくなるのか？　そうした問いの答えを見つけるため、まず自らが顧客の立場に立ってみたいと考え、「提案から契約、物件が完成するまでのやり取りはすべてリモートで完結させてください！」と要望しました。

　加藤さんにとってはまさに「寝耳に水」、そしてとんでもない無茶ぶりだったと思います。
　私が和歌山に物件を所有していたことすらご存じなかったにも関わらず、5年ぶりに電話がかかってきたと思ったら、管轄営業所外の南紀白浜にある他社が作った別荘を「究極のリモートオフィスにリノベーションしてくれ！」と依頼され、さらに納期も決まっていて、すべての工程を「リモートで完結した

い！」というのですから……。

　しかし、結論を先に申し上げると、加藤さんはそんな私の無茶ぶりに見事に応えてくださいました。

　加藤さんが招集してくださった最強のプロジェクトメンバーの「リモート版・獅子奮迅の働き」によって、私は本当に素晴らしいリノベーション物件を手に入れることができたのです。

　5月18日から完成に至るまでの工程を経て、私は**「これぞまさにこれからの時代の営業だ！」**と実感しました。

　今回の積水ハウスさんのリモート・リノベーション・プロジェクトは、今後の「Zoom時代のリモート営業」のロールモデルの1つになると確信しています。

▲1,000通を超える加藤さんとのメッセージのやりとりの一部

　ここからは、私の実感をベースにどうすれば「リモートでの営業」が成功するのか、そのポイントを本書の読者の皆さまにも共有させていただきたいと思います。

最強のチームを招集する

　まずは、加藤さんが招集してくださった"最強"のプロジェクトのメンバーを紹介させてください。

　今回、加藤さんは京都の営業所に籍があり、かつ和歌山にある他社が建設した物件をリノベーションするということで、積水ハウスのグループ会社でリノベーションを行う積和建設関西様を中心にプロジェクトメンバーが組まれました。

　といっても、
・営業担当は積和建設関西の阪和支店で和歌山に事業所のある山下裕之さん
・設計担当は堺市にいる同社阪和支店の三好宏明さん
・インテリアコーディネーターは大阪市中央区の本社に籍を置く西村裕子さん
・皆さんをまとめてくださる総合プロデューサーは積水ハウスリフォーム・京都事業所の加藤雅之さん
・依頼主は東京にいる私、朝倉千恵子

── リモート・リノベーション・プロジェクトのメンバー ──

加藤雅之さん　　山下裕之さん　　三好宏明さん　　西村裕子さん

　みんな所在地はバラバラです。そのほかにも和歌山県内の複数の施工会社がかかわっています。

　一緒にやり取りを重ねる中で、加藤さんが彼らをメンバーとして選んでくださった理由がとてもよく分かりました。**加藤さんは私の性格（せっかちでイラチ。しかもこだわりが強い）をよく理解してくださっていました。そんな私に合わせて最高のメンバーを選出してくださったのだと思います。**

　各自の担当分野での提案内容が素晴らしいのはもちろんのこと、気配り目配りができ、常に即レス即対応をしてくださるプロ集団でした。

　当たり前ですが、彼らのうち一人でも「リモートだけでの商談なんて無理です」という人がいれば、このプロジェクトには

加わっていなかったはずです。事業者の立場からすれば、施主が現場で実際に確認しないため、いざ完成してから「イメージと違った」となることだけは避けたいはずです。そこに対する緊張感やプレッシャーもあったと思いますが、それでも、「お任せください！」と引き受けてくださいました。

　そういう意味でも、これまでのやり方や常識にとらわれず、新しいビジネスモデルへ挑戦する意欲と、しなやかに対応できる柔軟性を兼ね備えたメンバーだったと感じています。

実際のウェブミーティングの様子

リアル時代をはるかに超える
準備の徹底が必要

　今回のプロジェクトで私が最も感動したのが、提案から契約、そして経過報告に至るまで、その事前準備の徹底ぶりです。

　仕事は段取り八分といいますが、リモート商談になると、なおさらその重要性が増してくると実感しました。

　プロジェクトメンバーとのコミュニケーションはウェブ会議で取ることができても、リアルでなければ伝わらないものもあります。例えば、住宅の場合、壁紙やタイルの質感、カーテンの色などは実物見本を見ないことには判断できないものもたくさんありました。

　今回はそのような、「リアルでなければ伝えられないもの」は毎回のウェブミーティングの前に、すべて事前に宅配便で東京の自宅に送ってくださいました。ミーティング当日の午前中に宅配便が届き、午後には送っていただいた資料や素材を手元で見ながら、画面越しに説明を受けました。

事前準備を完璧にしていただけたことで、私も迷ったり不安に感じたりすることなく、意思決定をスピーディーに行うことができました。

　リモートでの商談では、「このカーテンの実物見れます？」と聞かれてから郵送していては数日のタイムラグが発生してしまいます。その間にお客様の熱は冷めてしまう可能性もあり、決定がすべて後ろにずれることで、納期も延びてしまいます。

　今回、すべての工程で先回りの事前準備が徹底されていたことは素直に感動しました。まさにお客様満足を超えた、顧客感動の段取り力がそこにはありました。

相手の一歩先を行く想像力

　ただ、顧客が感動するほどの段取りというのは、口で言うほど簡単なことではありません。

　お客様がどのような点に疑問を持ち、どのような点を知りたいと思われるかを先回りして考えなければいけないからです。「多くの方が疑問に思う点」もあれば、「そのお客様だからこそ気になる点」もあるはずです。

　画一的なマニュアルトークを覚えているだけでは、お客様のすべての疑問点に気づくことは絶対にできません。特に、私のように現場に足を運ばないまま契約に至る場合には、事業者目線だけでなく、施主目線で現場を見る目が必要になります。「お客様目線に立つ」とは、お客様に対する想像力を持つことがまずはその第一歩です。

- 目の前の道は車通りが多い。小さいお子さんがいらっしゃるので、道に飛び出さないようなフェンスがあったほうが良いかもしれない

・夜遅いお仕事をしていらっしゃるので、昼間にお休みの時にゆっくりと眠れるように寝室はしっかりとした遮光カーテンにしたほうが良いだろう

・自宅から生配信をされるのであれば、外の音が聞こえづらいように防音効果の高い窓を採用しよう

など、一人ひとりの仕事やライフスタイルに合わせて、仮説を立て、疑問点や不安点を先回りして解消するための準備ができると、リモートでの商談であっても、非常に密度の濃い話ができるようになります。

私が今回のプロジェクトで舌を巻いたのは、塾生も泊まれるようにと話しただけで、「塾生さんが泊まられるということで、ドライヤーは2個用意しました」という心遣いです！

もちろん、準備したものが必ずしも活きるとは限りません。今回、私は「さすが、よく分かってるな」という事前準備の数々に大いに感動しましたが、その裏には私が気づいていない多くの努力も積み重なっているはずです。

もう一人のプロジェクトメンバー・お金の専門家

　大きな金額が動く買い物の場合、誰しもが抱く不安の1つが「お金」の問題です。それはオンラインでもリアルでも変わらない共通事項でしょう。

　「ケチと悋気(りんき)はすべての人に宿る心」という言葉があります。ケチは損をしたくない心、悋気はやきもちのことです。

　人は誰であっても、「損をしたくない」という本音があります。**特に人生で何度も経験しないような大きな売買を契約する場合、後から後悔することは絶対にしたくない。**

　とはいえ、通常お客様の金銭的事情に関することは一営業の立場では踏み込めない部分でもあります。現金で買うのが良いのか、全額ローンにするのが良いのか、一部のみローンにするのが良いのか、どの金融機関が合っているのか……。経営者なのか、サラリーマンなのかでもローンや税金面での諸条件が大きく異なり、本格的な相談となると専門知識も必要です。

実は今回、私は加藤さんからもう一人の強力なプロジェクトメンバー・税理士の西川卓也先生をご紹介いただきました。

税理士・西川卓也先生

このリノベーション物件は、ワーケーション物件です。個人の朝倉千恵子としても使いますが、同時に株式会社新規開拓の社長としての仕事もし、その事業の1つである「TSL」の塾生も使うことを見込んでいます。その場合、どの名義にするのか、どういうローンの組み方をして、どういうお金の支払い方をするのがベストなのか、西川先生とも個別にかなり細かくウェブ会議を通して税務相談をいたしました。

加藤さんから「信頼できる税理士の先生です」とご紹介いただいたことで、安心して相談させていただくことができました。

「すべてリモートで完結する」と初めに宣言していた私ですが、まさかローンの申し込みまでもがすべてオンラインで完結できてしまうとは驚きました。

おかげで、実際のリノベーション契約の時にはすでに金銭的な不安はクリアになっていました。

選ばれる人・選ばれない人が
はっきりする時代

　私は、プロフェッショナルな彼らとのプロジェクトを経験する中で、「**もし自分の大切な人がリノベーションしたいと言っていたら、このチームを丸ごと紹介したい**」と自然と感じるようになりました。

　そして、それができるのもオンラインの時代だからこそ、です。

　これまでは、特に不動産関係の仕事は、土地がどこにあるか、お客様がどこにいるかで、だいたいの担当者が自然と決まっていました。要するに、南紀白浜に物件があれば、その周辺の業者さんが担当になることが一般的でした。

　しかし、顧客の心情としては、信頼できる営業から買いたい、一流の設計士に依頼したい、センスの良いコーディネーターに空間をデザインしてほしい、強い家を作ってくれる会社に作ってほしい。これは当たり前のことです。

今は私のこの「完全リモート・リノベーション」が特別な事例と感じられるかもしれませんが、そう遠くない時代にこれが当たり前になります。いわゆるニューノーマルです。

**　逆に言うと、「あの人に頼みたい」と思ってもらえなければ、いつまでたっても仕事は巡ってこない時代に突入するということです。**

　今は働き方も多様化していますが、その一つの流れとして、プロジェクトごとに最適なメンバーを選出するあり方が増えていくと私は考えています。

　今回の事例では、一つのグループ会社の中でのことでしたが、今後はさらに会社という枠を超えてメンバーが集うこともあると予想しています。

　だからこそ、これからは、本当に売れる営業と売れない営業に大きな差がつくなと強く感じたのです。

　その会社の社員だから、たまたまそのエリアの管轄だからという理由で選ばれるのではなく、「あの人に仕事を依頼したい」という積極的な理由で、仕事が集まってくるようになります。

　正社員神話も、もう長くは続きません。一人ひとりがプロフェッショナルとして、自分で仕事を受けるという未来がもうすぐそこまできています。

　プロジェクトのたびに呼ばれる人、いつまでたっても誰からも指名されない人。売れる人、売れない人。あなたはどちらですか？

新しくできたワーケーション物件の執務室。
ここから映像配信も行なっていく

リモート営業時代には
年齢が関係なくなる！

　あわせて私が実感したのは、このようにリモートでプロの仕事を完遂することができれば、もう年齢は関係なくなるということです。

　今回のプロジェクトの立役者は、間違いなく総合プロデューサーの加藤雅之さんでした。実は加藤さんは2020年の年末に64歳を迎えるということで、当初、この完全リモート・リノベーションのプロジェクトが自分の最後の大仕事だと、半分冗談交じりにおっしゃっていました。

　メンバーが全員プロの仕事人で、おそらくほかにも相当数の案件を抱えていたはずです。それでもこの無茶ぶりのようなプロジェクトを快く引き受けてくれたのは、間違いなく加藤さんの人徳です。信頼力の賜物です。

「加藤さん、こんなすごいプロジェクトをまとめていける人材を、定年だからと言って会社は手放すはずがないですよ」

　工程中、私は幾度となく加藤さんにお伝えしてきました。

　加藤さんは笑って受け流しておられましたが、やはり私の勘は当たりました。加藤さんは2020年秋からは積水ハウスリフォーム本社の経営企画部に転属になり、新たな活躍の場が与えられたのです！　本当に素晴らしいです！　この人事を決断された経営トップ・西野一之社長もすごいです！

　これからは本物に光が当たる時代です。たとえ高齢になって動けなくなったとしても、リモートであればいくらでも仕事はできます。逆も然りで、年齢と地位と給与ばかりが高いだけで働かないサラリーマンはどんどん淘汰されます。若くても、高齢でも、男性でも、女性でも**本物の仕事をする人の下に仕事と協力者が集まる時代です。**

　今回、見事な事前準備と素晴らしいチームワークを発揮してくださったプロジェクトメンバーの姿に、リモート営業の大きな可能性を私は確信しました。

　これからは、仕事を受ける側も発注する側も選ばれる時代です。オンライン時代だからこそ改めて信頼力がものをいうということも、改めて気づかせていただきました。「信頼と絆」、まさにこれがキーワードです。

総合プロデューサー：加藤雅之さんの声
「リモート商談では、クライアントの期待を 上回る提案と対応が必要だった」

　朝倉様から「ワーケーション物件をつくりたい」というご連絡をいただいたのは、研修でお世話になって以来5年ぶり、なんの前ぶれもなく突然のお電話でした。

　南紀白浜に別荘を保有されていたことも、それまで知りませんでした。

　納期も当初から定められており、そこから商談がスタート。超多忙な朝倉様と打ち合わせは、ダラダラする時間は双方にありませんでした。

●打ち合せ前の準備
　当方よりヒアリング資料やカタログ等を送付し、朝倉様に直接記述して返送いただき、予めご要望を私と設計担当者とで読み込んでから打ち合せに臨んでいます。

●打ち合わせでは
　朝倉様も交えたプロジェクトメンバー全員の打ち合わせは、通算5回、すべてウェブ会議で行いました（個々には数々行っています）。

その都度、打ち合せ前日の午前中にご提案、ご説明する資料を関西から宅配便で発送、翌日午前着で東京の朝倉様のお宅へお届け。午後から同じ資料をそれぞれが手元に置いてウェブ会議での折衝でした。

●最大の難所

　今回の計画を進めるにあたり、南紀白浜は私の管轄外の地域であったため、朝倉様のお眼鏡にかなう実務担当者（営業、設計、インテリアコーディネーター）の選定が最大の難所でした。

　また、施工店は私が和歌山支店時代にお世話になった本体工事店と外構業者に依頼し、短工期にも拘らず、それぞれ快く請け負っていただけました。すべてこれまでの仕事の縁でつながった仲間がいたからこそ、今回のリノベーション計画が具体化し動き出しました。

●リモート商談のポイント

　リモートでの商談は、クライアントの要望を余すところなく汲み取って把握し、事前準備を万全に行い、スタッフの事前・事後の打ち合わせを徹底し、メンバー全員のコミュニケーションがうまくいかないと成功しないというのが、私の今回の実感です。

●リモート・リノベーションを終えて……

　朝倉様とは事前にご縁があり、信頼というベースはありましたが、だからこそ信頼を裏切らない、いや期待を上回る提案と対応をしていかなければご満足していただけないという、かなりの緊張感とプレッシャーをスタッフ全員が感じながら取り組んできました。

　当初から「現地には一度も足を運ばない」と宣言され、信頼という名の元に任せていただいておりましたので、朝倉様に代わって施主様目線で現場を監督することが求められ、さらに相当なプレッシャーがかかっていました（笑）。

　信頼できるグループ会社の担当者たちと施工店がいてくれたからこそ、完全リモートでご満足いただけるリノベーション工事を成し遂げられたと思っています。本当に積水ハウスグループの仲間たち、そして施工店の仲間たちに感謝しています。

◀竣工式にて。本プロジェクトの総合プロデューサー
　加藤雅之さんと著者

▼竣工式や、著者と加藤さんがリモート商談について対談した様子はこちら

第 1 章

世界大変革の時代に
生き抜く営業パーソンになるには

あなたはには、
いくらの価値がありますか？

質問です。

もし、今の会社との契約が正社員雇用から業務委託契約に変わった場合、あなたは会社に月いくらの報酬を請求しますか？

「これくらいないと生活が苦しい」という自分視点の考えではなく、会社の立場から見て「私にはそれだけ払う価値がある」と考えてくださいね。

20万円、30万円、50万円、100万円……。

いくらくらいになりましたか？　自分が提示する金額を決めた後は、その金額の根拠を考えてみてください。当たり前ですが、月20万円をもらうためには、月20万円以上の利益を生み出さなくてはなりません。

会社視点に立った時、あなたはその金額を支払うに値する人材でしょうか？　自信を持って「はい！」と答えることができ

るのであれば、もう少し値上げした場合についても考えてみて
ください。現状のボーダーラインはどのくらいでしょうか?

　そして、もし答えが「いいえ」なのであれば、どういう点が
足りていないと思いますか?　どのような点を改善すれば、あ
なたに仕事を依頼したくなると思いますか?

**　この時、「値下げ」をするという選択肢は捨ててください。**

　50万円じゃ厳しそうだから、30万円にしておこうという発
想は、率直に言って稼げない人の考え方です。値段で選ばれる
ということは、他の人が自分よりも低い値段を提示した際には、
そちらに仕事は流れてしまいます。そうすると、結局価格競争
に巻き込まれて、あなた自身がボロボロになってしまいます。

　価格競争という言葉を使うと、まるで商品のようじゃないか
と感じられるかもしれません。そうです、私たちは一人ひとり
がかけがえのない人間であり、人財という商品です。

　今後「個」の時代が加速する中で、自分自身の「値付け」を考
えることは、営業職の方に限らず必ず必要な時がきます。ぜひ
定期的に自分と向き合って、しっかりと考えてみてください。

営業力は稼ぎ力に直結する

　業務委託での営業の場合、月額固定の契約よりも、成果報酬制になることが多いでしょう。成果報酬制の代理店契約であれば、売れば売った分だけ、稼げる金額も上がります。でも、受注がゼロであれば、売り上げもゼロ。正社員と違って、保障は一切ありません。

　１つ私自身の話をさせてください。前職でトップセールスを獲り、その１年後に退職をしました。その後しばらく、前職の会社とは代理店契約という形をとらせていただき、完全歩合制で営業を続けていた時期がありました。最初の１ヶ月が過ぎ、請求額を計算してとても驚きました。会社員時代の手取り給与よりも、はるかに高額だったからです。

（こんなに違うなら、早く独立をしておけばよかったかも…）

　なんて考えが頭をよぎったりもしたものですが、そのわずか３ヶ月後、身体を壊して入院をすることになりました。もちろん営業活動なんてできず、受注はゼロ。その月の収入は、０円

でした。

　短期間のうちに、ジェットコースターのような乱高下を体験し、「個人で働くというのはこういうことか」と身に染みました。

　新型コロナの影響でこれから失業者が増えると言われていますが、成果報酬制の営業であれば、仕事はいくらでもあるでしょう。企業としては、もともと自社の利益分を確保してフィーを設定していますから、代理店営業の方がたくさん受注を取ってきて何百万円と払うことになっても、痛くもかゆくもありません。反対に受注がなければ、支払いもないのですから、余計なリスクをとる心配もありません。

　どんな業種でも、「売る」ことによって商売が成り立っています。不況であろうがなんだろうが、営業ができる人材は重宝されます。世の中は不況でも、たくさん売ることができればその会社は儲かるのですから。

　だから**営業力がある人は、どんな時代でも食いっぱぐれることはまずありません**（でも、私の事例を反面教師にして、身体だけは壊さないようにくれぐれも体調管理をしてくださいね）。

　ここで注意をしていただきたいのですが、「営業力がある＝

営業職の人」ということではありません。総務省の統計によれば、2000年から2020年までの20年間で、営業職に従事する人は100万人も減少したと言われています。（図1）

　この背景にはもちろん、インターネットの普及や、流通構造の革新などがあります。そしてこの流れは、今後も続いていくことが予想されています。

図1　営業職（販売従事者数）の推移

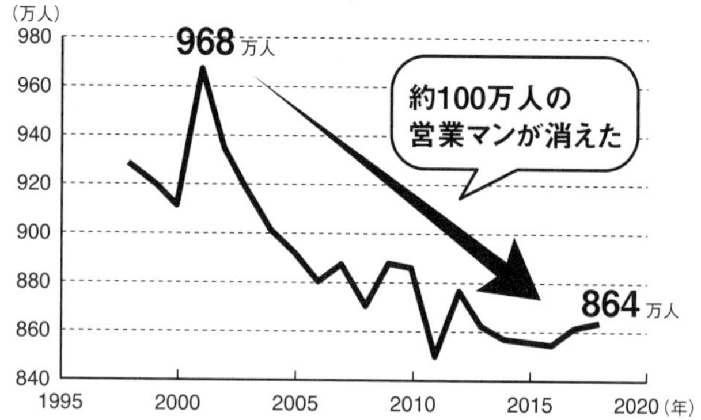

（万人）

968万人

約100万人の
営業マンが消えた

864万人

総務省統計局「労働力調査年報」
※2011年は震災のため岩手県・宮城県・福島県を除く
引用　https://diamond.jp/articles/-/227850

　営業職の人は減るのに、営業ができる人は求められるというのは随分矛盾しているように感じるかもしれません。でも、これは正しい傾向です。

　真に営業力がある人とそうではない人の違いは何だと思いますか？　私には明確な定義があります。**真に営業力がある人は「何を売っても売れる」のです。**

　世の中には会社の数だけトップセールスがいます。そしてそのトップセールスにも2種類の人がいて、その会社のその商品だから売れる人と、とにかく営業力が秀でていてどんな商品でも売れる人がいるのです。

　これからの時代に求められるのは、後者の営業人材です。これは、営業職の人とは限りません。例えば総務や人事などのバックオフィスと言われる業務に携わっている人の中にも、とても上司との折衝交渉がうまかったり、他部署の人からの協力をスッと取り付けたりできるような人がいます。

　彼ら、彼女らは、営業をやらせたら、抜群に売れるはずです。相手を嫌な気持ちにさせずに、自分の主張を通すことができる人は、営業にとても向いています。

女性が稼ぐには、リーダーになるか 営業力を身につけるしかない

　特に女性には、絶対に営業力を身につけてほしいというのが私の考えです。

　日本は、世界でも男女平等が進んでいない国です。先進国と言われながらも、2019年12月に発表されたジェンダーギャップ指数2020では153か国中121位と最下層にいます（しかも年々順位を落としています）。

※参考
http://www.gender.go.jp/public/kyodosankaku/2019/202003/202003_07.html

　女性管理職の割合を30％にしようとする計画も結局はほとんど進まず、目標期日を2020年から2030年に繰り延べるという報道がありました。

　私は、働く女性の応援団長を自称しておりますので、ここに関しては社会全体に対して言いたいことが山ほどあるのですが、今回の本はあくまでリモート営業をテーマにしておりますのでグっとこらえます。

とはいえ、事実として、同じ職種、同じ能力であれば、男性のほうが女性よりも給与が高い傾向にあるのが日本の現状です。

「社会が変わらないから女性は稼げない」では、いつまで経っても女性は豊かにはなれません。今、この世の中で女性が稼ぐには、リーダーになるか、営業力をつけるかしかありません。

先に申し上げたように、女性がリーダーになる道は、狭き門です。

でも、営業力を身につければ、女性であっても、男女不平等の日本であっても、世紀の大不況の最中でも、稼ぐことができるのです。

なぜ、そんなことが言えるのかというと、私自身がそうだったからです。

35歳の時、私は人生のどん底にいました。32歳の時に離婚をし、2人の子どもとも離ればなれになりました。子どもたちと別れたくないと強く願ったものの、当時の私には子どもを育てるどころか、自分が食べるだけの生活力もなかったのです。

すぐにでも生活力を身につけたかった私が、足を踏み入れたのが株の世界でした。初めはうまくいきました。ビギナーズ

ラックでしょうか。「え!?　こんなに!?」と驚くほど稼げました。
この調子ならすぐにでも子どもたちを迎えに行けると思っていました。

　でも、ビギナーズラックは長くは続きませんでした。ある時からすべての歯車が狂ってしまったかのようにうまくいかなくなり、気づいたころには無一文のすってんてんどころか、4,000万円の借金を抱えていました。

　崖っぷち、どころか崖の下からの人生再スタートです。

崖っぷちでも、無一文でも、
立ち上がれるのが「営業」

35歳の時、人生の転機がありました。当時私は、株での失敗を取り返すために、新しい仕事を探し始めました。ところが、履歴書をいくら送っても、面接の機会さえいただくことができません。当時のほとんどの求人情報には、「34歳まで」と書いてあったのです。

私の年齢は35歳……。

「1歳違いで何が違うねん！」（心の声は大阪弁……）と思いながら、履歴書を送り続ける日々。そんな中ようやく1社面接を受けさせてくれる会社に巡り合いました。

その会社は、人材教育の会社でした。私は小学校の教師をしていましたので、その経験を活かしたいと講師職に応募しました。ところが、面接の会場について、椅子に座った途端、面接官の方から「あなた営業職をやりませんか？」と言われたのです。

（営業？　いやいや、私は営業なんてちっともやりたくはない

んです。営業ってあれでしょ？　お客さんをうまく口車に乗せたり、ゴマをすったり、時に高圧的になったり、欲しくもない商品を売りつける仕事でしょ？　絶対やりたくないです）

　一瞬のうちに、頭の中に、営業をやらない理由がたくさん浮かびました。

　しかし同時に、

（でも、これを断ったら、絶対に受からない）

　ともう一人の私が囁きました。その間わずか０.５秒。

　そして私が出した結論は、「やります。営業やらせてください」という答えでした。

　営業は、実際にやってみると当初思っていたイメージとは全く違う仕事でした。確かにもともと抱いていたような、言葉巧みにお客さんを誘導するような人や、無理やり買ってもらおうとする人もいます。

　しかし、お客様のほうから「買いたい」と言われる、お客様から喜ばれる営業の世界が存在することを知ったのです。

何を売っているとか、どこの会社に勤めているとか、結婚し ているとかしていないとか、若いとかベテランとか、男性とか 女性とか、そんなものをすべて超越したトップセールスの世界 があります。

先ほど私が述べた「何を売っても売れる」営業は、こうした世 界にいます。数にしていえば全営業パーソンのトップ3％程 度です。

残りの97％の営業パーソンとの最も大きな違いは、いかに お客様との信頼関係を構築しているか、です。お客様との関係 がしっかりと築けている、築く方法を知っているからこそ、商 品が変わっても、売り続けることができます。

リモート営業は勝者総どりの時代

　リモート営業では、売れる人はさらに売れ、売れない人はますます売れないような二極化がより深刻になると言われています。なぜだか分かりますか？

　時間や距離、言語といった様々な障壁がなくなるからです。対面営業では、物理的に距離が離れているお客様へのアプローチはしづらい状況がありました。

　弊社では、全国の企業を対応しておりましたが、やはり会社のある東京や名古屋近辺の方とお会いするほうが、北海道や九州のお客様とお会いするよりも圧倒的に機会は多くありました。しかし、リモート営業であればお客様がどこに住んでいても、ボタン一つで繋がることができます。

　セミナーも同じです。私が主宰している女性限定の仕事塾「ＴＳＬ」は東京のみの開催でしたので、地方の方は参加しづらいという声もありました。

　ところが、リモートになるとそうした制約がいっさいなくなります。受講生は、移動のための交通費も時間もかからずに、講座に参加することができます。会場の場所に左右されず、自分が「この人から学びたい」と思う講師を自由に選択することができるようになったのです。

　実は今回、私が「Zoom 時代のリモート営業」というテーマで本を書こうと思ったのも、この「ＴＳＬ」をオンライン化し、全編「Zoom」での開催にしたという経緯があったからです。

　実はこの塾は、オンライン化の発表の後、わずか25分で満席となりました。参加費30万円のセミナーです。決して安い金額ではありません。そのセミナーに応募が殺到したのです。

　締め切り後も「なんとか受けられませんか？」との問い合わせが相次ぎ、急遽増枠をしました（余談ですが、この「増席」ができるというのもオンラインの強みの１つです）。

　塾そのものはこれまで17年間やってきており、これまでに148期、2,500名以上の方が受講されてきましたが、こんなことは初めてでした。奇跡のような反響でした。

「オンラインセミナーってすごい……」の一言です。

全く違う業界でも同じようなことが起こっています。例えば
ヨガのレッスン。リアルを前提としている場合には、自宅や職
場の近所のスタジオが候補にあがります。しかしオンラインで
レッスンを受けられるとなると、どこのスタジオのレッスンで
も習うことができます。

　それであれば、指導力のある有名な先生から習いたい、と思
うのが自然な感情だと思います。実際に世界のトップインスト
ラクターは、世界中に何千人もの受講生を抱え、全世界同時に
リアルタイムレッスンをしています。今は翻訳技術も発達して
いますから、英語ができない私でも英語圏の先生のレッスンを
受けることも可能です。

　**これからは、選ばれる人、選ばれない人が明確に分かれる世
界がやってきます。** これまでは家から近いからという限られた
条件で選ばれていたヨガスタジオも、急に全世界のインストラ
クターが競合になってしまいます。

　これは全業種、全職種に共通して言えることです。

オンラインを味方につけて、
本質的な価値に集中する

　マーケティングのプロの話を聞いていると「営業と似ているな」と思うことがよくあります。その1つが、数字と向き合っていることです。

　オンライン時代になると、私たちの行動のほとんどがデータ化されます。例えば、この人はホームページに〇分滞在した、〇回目の訪問で商品を購入した、広告に使う画像を変えたらクリック率が〇％上昇したといったことや、社内のコミュニケーションでさえも数値化することも可能です。

　数字で表れるからこそ、改善が可能です。新しいやり方を試してみて、以前と比較して良いのか悪いのかを検証します。

　このプロセスの分析は、実は営業でも非常に意味があります。

　私は現役の営業時代、テレアポが大嫌いでした。何度もガチャンと切られて、受話器を持つ手は震えていました。なんとか成約率を上げたいと、「声」の使い分けで実験をしてみたので

す。高い声、低い声、様々な声色でかけた件数と、アポが取れた件数を記録し検証しました。その結果、テレアポに最適な声のトーンを身につけることができました。

　営業で数字というと、売上だけに注目しがちですが、実はプロセスの数値化をすることで、成約率を上げる方法を編み出すことができるのです。

　なので、私はオンラインでは、すべての行動がデータ化され数値化されるという話を聞いた時、「めっちゃ助かるやん！」と思いました。これまで一つひとつ手で書いて計算していたことを、機械が自動でやってくれるのです。そうすれば、私はもっと大切なこと、新たな価値を生み出すことに自分の時間を使うことができるようになります。

　オンラインの時代到来というと、ＡＩに仕事を奪われるとか、淘汰されるというような話をされることが多いですが、**うまく時代の波に乗り、機器を使いこなすことができれば、自分自身はより本業に集中ことができるようになります。**

　「自分がこれまでやってきたことを変えなければならない」というよりも、「自分がやってきたことをアップデートする」という意識で、ご自身の営業改革に取り組んでみてください。

第 2 章

オンライン時代だからこその
第一印象の磨き方

第一印象を制するものが、
ビジネスを制する

　私は講演や研修を行う際、必ず「第一印象の重要性」について話をします。ビジネスの世界において、初対面で良い印象を残せなければ、セカンドチャンスなどあり得ないからです。

　特に営業の世界は、常に一期一会の連続です。本当は素晴らしい人間性の持ち主なのに、商品も提案も抜群なのに、第一印象が悪いせいで、話すら聞いてもらえない営業パーソンが世の中にはたくさんいます。

　さて、そのとても大切な第一印象は実は出会ってわずか数秒で決まってしまいます。具体的に何秒程度で決まるかご存じですか？　心理学では、第一声を発するまでの間、6～7秒だとされています。そして**印象を決定づける割合は、目から入ってくる印象が80%、話し方が13%、人柄・人間性はたった7％です。**

　この割合については諸説ありますが、見た目と話し方が第一印象の形成に大きな影響を与えていることは、皆さまの実感と

しても間違いないでしょう。

　私たちは、まだ出会って間もないころから、過去の記憶と目の前の人を結び付け、

「朗らかで優しい表情をしているから性格も良いだろう」
「服装がだらしないから、きっと性格もだらしないだろう」

　などと、相手のことを勝手に決めつけてしまいます。そして自分にとってメリットがないであろう相手とは極力距離を置こうとします。忙しいビジネスパーソンなら当然と言えば当然の感覚です。

　リアルの講演や研修ではこのように、なぜ第一印象が重要なのか、そして何をもって第一印象が決められているのかということを踏まえた上で、「では、具体的にどうすればいいのか」について、強化すべきポイントをお伝えしてきました。

観客を惹きつける、秘密のルーティン

　今回は特別に、これまで出してきた39冊のどの本にも書いていない情報を初公開します。私は自分自身の第一印象を強く意識づけるために、講演や研修の登場シーンでは、実は必ず同じ動きをしてきました。

　私の講演では、舞台の中央に予め椅子をセットしてあります。私は舞台袖から登場し、その椅子を移動させて、中央に立ち、「皆さまこんにちは。朝倉千恵子です」と話し始めます。

　これには2つ理由があります。1つは、毎回同じ動きをすることで気持ちのスイッチを切り替え、過度な緊張を落ち着かせるためです。

　私はもともと非常にあがり症で、これまで何千回と講演を行ってきましたが、登壇前はいつも手足が震え、口もしびれています。そのまま話し始めてしまうと、声が裏返ってしまったり、マイクを持つ手が震えてしまったりするのです。

スタートをルーティン化することで、自分の中のスイッチの切り替えをしています。

そして理由の２つ目が、観客・受講生の方々の目を惹きつけるためです。先ほど、第一印象が決まるのは「第一声を発するまでの間」とお伝えしました。そしてその間、人は、本能的に動きに注目します。

私は壇上に上がっても、何も言葉を発さずに椅子を移動します。すると「この人は何をしているんだろう？」と全員の目が無意識のうちに私を追います。皆さんの意識が私に向いたところで、「こんにちは」と話し始めることで、**話を聞く耳ができた状態で講演をスタートすることができるのです。**

この椅子の配置は、アシスタントのスタッフにも重々お願いをしているので、スタッフは事前に微妙な位置調整まで念入りに行います。その様子を見ていた講演の責任者の方から、「あんなに一生懸命セットしていたのに、開始早々に移動するのであれば最初から置かなくてもいいじゃないですか」と言われたことがあります。

ごもっともな意見なのですが、私の講演は、「こんにちは」と言ったところからではなく、椅子を動かすところからすでにス

タートしているのです。

　もちろんその際の動き方や所作にもこだわっています。このように、立ち居振る舞いを工夫することで、**私のことを全く知らない相手にも、「この人の話は聞く価値がありそうだぞ」と思っていただけるよう工夫をしています。**

　その甲斐もあって、講演や研修で「私の第一印象はどうですか？」と尋ねると、「オーラがある」「堂々としている」「威厳を感じた」など、重要人物のように感じられたという意見をよくいただきます。実際は極度の緊張状態にあるにもかかわらず、全くそんなふうには見えないというのです。

これまで大切にされてきた価値観

　第一印象を決定づける要素について、細かく分けてみましょう。目から入ってくる情報は、表情・立ち居振る舞い・所作・歩き方・姿勢・服装身だしなみ。そして耳から入ってくる情報としては、声の大きさ、声のトーン、話すスピードや話し方などがあげられます。これらを一つずつ改善していくことで第一印象は驚くほど変化します。

　例えば、次ページに挙げるのは弊社の新入社員研修で実際に使っている、身だしなみチェックリスト（一部抜粋）です。信頼される身だしなみの基本は、「清潔感」「上品」「控えめ」「機能性」です。この基本原則は、仕事着がスーツや制服でなくても同じです。

　身だしなみが整っていないと、それだけでだらしなく見られたり、相手に不快感を与えてしまい、ビジネスチャンスを逃してしまうこともありますので、絶対に気をつけたいポイントです。

［頭・顔］

・寝ぐせやフケがないか

・ひげの剃り残しがないか

・前髪が目にかかっていないか

［服装］

・汚れやシワがないか

・スラックスの前後のプレスがあるか

・靴下の色や形が適切か

・靴が磨かれているか

［その他］

・仕事に適した腕時計をしているか

・派手なネイルをしていないか

・香水は控えめか

　実際にはこの倍ほどのチェック項目があるのですが、リモートでは、必ずしもこれらの項目がすべて重要視されるとは限りません。もちろん1つも疎かにしてほしくないものばかりですが、画面越しのコミュニケーションなら、香水が相手に不快感を与えることはなくなるでしょう。

　2020年春、多くの企業が一斉にリモートワークに移行しま

した。「次の日を気にせずニンニクが食べられる！」というＳＮ
Ｓの投稿を見つけた時には「なるほどー！」「確かに！」と声が
出てしまいました。

　さて、少し話が逸れてしまいましたが、ここまでがリアルの
コミュニケーションが中心とされていた時代の話でした。それ
では、オンラインコミュニケーションの時代になるとこれがど
う変わっていくのかを考えてみましょう。

オンラインになると、
情報量が少なくなる

「リアルとオンラインだと、どちらのほうが、情報量が多いと思いますか?」

このように質問をすると、皆さん勢いよく「オンライン」に手を挙げてくださいます。さて、本当にそうでしょうか?

確かに、インターネットが普及したことで私たちがアクセスできる情報の種類は爆発的に増えました。私たちの手の中にあるスマートフォンには毎日追いきれないほど大量の情報が流れ込んできます。

しかし、「一つの物事に向き合う」ことを考えた時、得られる情報はリアルとオンラインではどちらのほうが多いでしょうか? これは、圧倒的にリアルなのです。今目の前にある風景を写真や動画に撮ったとしても、画面に映ったその風景が現実を超えることはできません(切り取り方や編集によって、リアル以上に感動的に仕上げることはできますが、その話はここではいったん横に置いておいてください)。

オンライン、つまりデジタル機器を通じて伝えられるのは、（今のところは）目に見えるものと耳で聴こえるもの。視覚と聴覚に訴えかけるものだけです。 例えば香りや空気の重さはイメージすることしかできませんし、マイクでは拾いきれない音、画面に映らない人の動きなどは相手には分からないのです。

　商談の場においては、リアルにお会いしている時であればお客様の表情や動きだけでなく様々な要素を会話のきっかけに使ったり、空気を読む材料にしていたりします。例えば、オフィスにふくろうの置物が多いことに気づけば、「ふくろうがお好きなのですか？」と1つ話題を作れますし、時計を気にされている様子であれば、「この後予定があるのかもしれない」と推測することもできます。

　オンラインの場では、そのように「きっかけ」となる情報を得られる機会が大幅に減ってしまいます。

　余談ですが、私は「オフィスに一歩入っただけで、その会社のリーダーの情熱が分かる」という特技があります。これまで何千社という企業を訪問してきた中で身につけました。リーダーのやる気が高い会社というのは、空気がピンと張っていて、観葉植物までもがイキイキとしています。しかしその感覚は、その会社の写真を撮って見せたところで、絶対に伝わらないと

思います。また、私も写真を見せられただけでは、その会社の状況までを察知することはできません。

　このように、私たちはリアルの世界では、視覚・聴覚だけではなく五感をフルに使って情報を収集しています。しかし、オンライン時代のコミュニケーションでは、デジタル信号に変換できる範囲の情報の受け渡しになりますので、どうしても互いに受け取れる情報量はこれまでよりも少なくなります。

　これは、だからリアルが良いとかオンラインがダメだという話では全くありません。情報を簡素化したおかげで、私たちは時間や距離の制約を受けずにコミュニケーションをとることが可能になったのです。

　大切なのはこの先です。リアルとオンラインでの違いをしっかりと認識して、今一度、時代に合わせた第一印象力を考えてみる必要があります。

ウェブ会議では、画面に映るものがすべて

　リモートワークが推進される中、多くの企業が導入したのが「Zoom」に代表されるウェブ会議サービスです。世界的な新型コロナウイルス感染拡大の影響で、「Zoom」の 1 日あたりの利用者が2020年の 4 月 2 日から 4 月 22 日までの20日間で、 1 億人増加したと発表されています。 1 日あたりの利用者数ですよ。ものすごい勢いで導入されたことがこの数字からも分かります。また、それ以外にも Microsoft の「Teams」や Google の「Meet」など様々なウェブ会議サービスが利用者数を増やし、同時に機能の拡充も進んでいます。

　（本書では、ウェブ会議サービスを「Zoom」として話を進めていきます。うちは「Zoom」じゃなくて「Teams」だよ、「Google Meet」だよ、という方々もそのままお読みください）

　このように画面を通して、相手の顔を見ながらリアルタイムで繋がることができるサービスがあるおかげで、私たちはオフィスに行かなくても社員とコミュニケーションをとることができ、企業訪問をしなくてもお客様と商談をすることが可能に

なりました。

　弊社では東京本社は2020年の3月26日から、名古屋支店は4月16日からテレワークを導入しました。実際にはそれ以前の、3月の頭から、社内コミュニケーションは8割以上が「Zoom」を使用したウェブ会議に移行をしていました。

　その便利さに驚く反面、社外の方とのやり取りに使うには工夫が必要だなと感じるようになりました。**ただ映ればいいのではなく、どう映るかがこれからますます大事になります。**

　今はまだ、その利便性に注目が集まっていますが、間もなく「Zoom」も当たり前になります。新型コロナウイルスに関係なく、もともとウェブ会議を使っていた企業にしてみれば、なにを今さらと思われる話かもしれませんが、まだまだ多くの企業やビジネスパーソンにとって、「Zoom」は「ちょっと非日常な特別なツール」です。

　この原稿を書いている2020年8月の段階においては、「Zoomを使ったオンラインの研修を行っています」という話をすると、それだけでとても驚かれます。

　それも今だけの話。近い将来メールのように、使えて当たり

前。使えなければビジネスから取り残されるツールとなること
は間違いありません。そうなった時、**私たちはあの長方形のス
ペースの中でいかに自己表現をできるかで勝負をすることにな
ります。**

　そこそこの営業でよければ、パソコンの前に座るありのまま
の自分を映しておけばよいのかもしれません。でもトップ3％
に入る営業を目指すならば、ぜひその世界をいかに演出するか
も考えてほしいと思います。

　いま、弊社のオフィスは丸の内ビルディング（通称：丸ビ
ル）の7階にあります。これまでは、ビルそのもののブランド
力、颯爽と歩くビジネスマンの方々が行き交う丸の内という街
の空気、開放的な窓から見渡せる東京の景色、そしてこだわり
の内装など様々な要素を積み重ねて、自社ブランド、信用力の
構築をしてきました。オフィスには、「ただ仕事をするための
場所」以上の価値があったのです。それが「Zoom」の世界では、
ほぼ意味を成しません。

　もちろん、オフィス以外のことを考えても同じようなことが
言えます。ピカピカに磨いた靴も、高級なスーツも、化粧品も、
リアルの場と同じようなコストパフォーマンスを発揮するのは
難しいでしょう（ノーメイクのままでいても、自動的に化粧を

しているかのように自動でメイクを施してくれるアプリまであるようです。すごい時代ですね）。

　私は、常に「**見えないところをキレイにしてください**」とお伝えをしております。これはリモートであっても同じです。「今日は大切な商談だから、服装やメイクにも気合を入れる！」「今日は事務作業の日だから、スッピンにヨレヨレのＴシャツでもいいや」というように、日によってオンオフを切り替える人は、必ず仕事にもムラが出るからです。手を抜いていることは、誰よりも自分自身が分かっています。

　しかし、これはあくまで自分自身の自己管理の話で、やはり人が人を見る際には、目に見えているものから判断する、いや、目に見えているものからしか判断してもらえないということも知っておかなければいけません。

「Zoom」での印象力を
３割増しにする５つの小道具

さて、先ほど、リアルのコミュニケーションにおいて、視覚・聴覚それぞれに訴えかける要素を並べました。いま一度おさらいをしてみましょう。

視覚情報：表情・立ち居振る舞い・所作・歩き方・姿勢・服装身だしなみ

聴覚情報：声の大きさ、声のトーン、話すスピードや話し方

「ＴＳＬ」で、話し方の講座を担当してくださっている松尾由紀子講師は、もともとテレビアナウンサーとしても活躍されていました。「私はずっと前からオンラインの世界で働いてきましたが、画面を通してのコミュニケーションは二覚の世界なんです」と表現していらっしゃいました。

テレビと同じように「Zoom」の世界においては、「視覚」と「聴覚」が第一印象に与える影響はリアルの時よりもさらに比重が高くなります。というよりも、それ以外に訴求できる感覚

がありません。

　視覚情報は、画面に映る範囲の情報に限定されますので、立ち姿や歩き方、姿勢といった点は目につかなくなる一方で、表情がとても重要になります。パッとみた瞬間のお顔の様子で、その人の第一印象が決まります。

　また、視覚情報が少なくなっているため、聴覚情報にこれまでよりも敏感になります。イヤホンをつけている方も多いのでなおさら、耳に直接流れ込んでくる話し声で、快・不快を判断されるという点も気をつけたいポイントです。

　「Zoom」は、パソコンやスマートフォンなど端末を選ばず、簡単に利用できるものですが、ここはぜひ一工夫をして、第一印象力を高めてください。

　ここでは、「Zoom」での印象力を高める5つの小道具をご紹介したいと思います。

①ノートパソコンスタンド
　これは特にノートパソコンを使っている方に多いのですが、カメラの位置が目線よりも下にあり、上からのぞき込むようなアングルの映像になっている方がいます。これは一部で、「上

から目線でマナー違反だ」というような意見も出ているようで
すが、私はそれ以前に、単純に美しくないな、と思います。日
ごろ自撮り写真をたくさん撮る方にとっては常識ですが、**カメ
ラの位置によって映る顔の印象は大きく変わります。**

　せっかくですので、いま手元のスマートフォンで試してみま
しょう。自撮りモードにして斜め上からのアングルと、斜め下
からのアングルそれぞれで自分のお顔の写真を撮ってみてくだ
さい。

　いかがでしたか？　下からのアングルで撮ると、顔全体がた
るんで、ずいぶんと老けた印象になったのではないでしょうか。
「アチャー！」と感じられた方もいらっしゃるかもしれません。
でも大丈夫です。皆さんそうなりますから。

　おススメなのが、ノートパソコンスタンドです。ちょうどパ
ソコンのカメラが自分の目線の高さか少し上にくるくらいに調
整することで、映り方が大きく変わります。このノートパソコ
ンスタンドは通販等で、3,000円程度で購入することが可能で
す。対処法は簡単です。また箱などでちょうど良い高さの台が
あれば、それでも構いません。

②リングライト

　私が、「これはもう手放せない」と思う道具の1つがリングライトです（私は「女優ライト」と呼んでいます）。初めは、「自宅にだって電気はついているんだから、照明なんてちょっと大げさなんじゃない？」と思っていましたが、実際に使ってみるとその差は歴然でした。

　自宅に書斎、あるいはワークスペースがある方の場合、部屋の天井の真ん中にシーリングライトがあり、デスク・パソコンは壁際にあることが多いと思います。そうすると、光は常に自分の後ろから当たることになり、逆光のまま映っています。

　この時、リングライトがあれば、顔の正面からライトを当てることができ、顔色や肌ツヤを良く見せてくれ、印象力が格段にアップします。

　全く同じ表情をしていても、光の加減によって「暗そうな人だな」というネガティブな印象を与えることもあれば、「ハツラツとして明るい人だな」とポジティブに受け取られることもあるのです。

　こちらも2,000〜3,000円程度から購入できますので、ぜひ1つ持っておくことをおススメします。

③マイク

繰り返しになりますが、「Zoom」では画面に映る姿と、流れてくる音声だけが、相手を知覚できる情報です。すると、**これまでよりも「声」「話し方」の重要性が高まってきます**。しっかりと聞き取りやすい声かどうか、で相手に与える印象は大きく変わります。

最近のパソコンやスマートフォンであれば、多くがマイク内蔵ですが、その感度は様々です。よく、話している人の声が小さすぎて、他の参加者が画面に向かって耳を傾けているような絵面も目にします。

音量は問題なくても、どうしてもパソコンの内蔵マイクですと、会話以外の音まで拾ってしまい、集中力を欠いてしまいます。マイクを使うことで、発言者の声だけをクリアに相手に届けることが可能です。

マイクには、ヘッドフォンと一体になったものや、ピンマイク、Bluetooth で接続するワイヤレスマイク、周囲のノイズを抑えてくれるコンデンサーマイク、複数人で集まる際に使えるスピーカーフォン等さまざまな種類のものがあります。価格も数千円〜数万円と大きく差があります。

ご自身の利用シーン合わせて、良いものを選んでください。ちなみに私は、会議の時は置き型のコンデンサーマイク、セミナーを行う時は動きが加わるためワイヤレスのピンマイクを使用しています。

④ウェブカメラ

ウェブカメラは、「とことんこだわりたい！」という方向けです。「Zoom」を使用している人たちの多くがパソコン（あるいはスマートフォン）の内蔵カメラを使用しています。実際に複数人で見比べるとよく分かるのですが、人によって画質の差がかなりあります。

弊社は、全社員にパソコンを支給していますが、これまで内蔵カメラの精度はパソコンを選ぶ際に全く重視していませんでした。出張の多い営業パーソンばかりですので、できるだけ軽く、頑丈で、持ち運びに優れていることが最重要事項でした。

しかし、「Zoom」を行うようになると、**映像の質が悪いことがとても気になりました。**

社内のコミュニケーションであれば、それでも目をつむります。しかし、自分が顧客の立場なら、暗くて画質の悪い映像の営業パーソンから商品を勧められても買いたいとは思いません。

そこで私が活用しているのがウェブカメラです。パソコンの内蔵カメラではなく、より感度の良い別のカメラを接続し、撮影します。Canonさんでは自社の一眼レフカメラをウェブカメラとして使用できる公式アプリも公開しており、超ハイクオリティの映像で配信をする人も出てきています。

とことんこだわった良いカメラを準備しようと思うと、予算は10万円を軽く超えてしまいますが、今後「Zoom」をどんどん活用していきたい！　と考えている方は設備投資として一考の余地はあると思います（ウェブカメラ自体は5,000円程度から購入可能です）。

私が主宰するセミナーでは、外部のスタジオを借りて、プロのカメラマンに撮影をしていただいたものを「Zoom」で配信しているものもあります。

⑤バーチャル背景

「Zoom」での打ち合わせの時、自宅の様子が丸見えの人がいます。ときに何百万円、何千万円の商品・サービスをお勧めされている中で、背後に雑然とした自宅が見えたとしたら興ざめです。

「Zoom」には、バーチャル背景という機能があります。カメ

ラの映像の中から人だけを自動的に切り抜いて、それ以外の部分を自分の設定した画像や動画に差し替えてくれるものです。この機能は背後を隠すことはもちろん、さらなる商品のＰＲや自己ブランディングへつなげることができます。

　例えば、会社のロゴを見せる、名刺風の背景にしてＱＲコードを表示する、著書の書影を載せる、新商品の案内にするなど、あなたのアイデア次第で、無限大に工夫ができます。

　ただ、このバーチャル背景は使い方にコツがあります。

　うまく使うためにはある程度性能の良いパソコン（あるいはスマートフォン）が必要です。
　少し性能が劣るパソコンであればＣＧ映画に使われるようなクロマキーと言われる緑色の布を使用して、自分の身体だけがうまく背景と分離するような工夫をしなくてはなりません。
　中途半端な合成になってしまうと、見た目も悪くむしろ印象が悪くなってしまいますので、注意が必要です。

　「Zoom」のバーチャル背景には標準で様々な写真がインストールされていますが、場合によっては商品の訴求力が下がってしまうどころか、背景がうるさすぎてむしろ不快感を与えかねません。

「この長方形のエリアで、自分は何を表現するのか？」

そんな意識をもって自身の「Zoom」画面も演出してみてください。

「Zoom」での印象力を3割増しにする5つの道具として紹介をしていきましたが、最後に一つだけ。

オンライン時代というからには、**通信の安定したWi-Fiは必須です。**新型コロナウイルスによる一斉テレワークが始まった際、自宅にしっかりとしたWi-Fi環境が整っていない人がたくさんいました。

それまでオフィスでの勤務時間が長かった人、あるいは営業職などで全国を飛び回っていた方などは、スマートフォンのテザリング機能やポケットWi-Fiを使ってなんとか通信していたものの、あっという間にその月のギガを使い切ってしまって、仕事にならなかったという人も多かったといいます。

テレワークが始まったばかりならいざ知らず、この先もそのような状況では、「あぁ、この人は時代の変化に対応できない人なのだな」と判断されるだけです。

電気や水道と同じように、インターネットはなくてはならな

いものになります（いえ、もうなっています）。もしまだ安定
したインターネット環境、Wi-Fi環境を整備していない人がい
れば、今日のうちに申し込んでしまいましょう。

「Zoom」ではお顔がすべて！ 表情と相づちを活用して 相手に気持ちを伝えよう

さてここで、1つワークをしていただきたいと思います。

ご自身で「Zoom」を立ち上げて、そこで録画をしながら1分間の自己PRをしてみてください。現状を認識したいだけなので、先にお伝えした小道具は、今はまだ揃っていなくても構いません。

これは今すぐできますから、いったんこの本を置いて、まず撮影をしてきてください。10分もあれば完了できますね。それでは、また10分後にお会いしましょう。

・・・

おかえりなさい。いかがでしたか？　さっそくいま撮影した動画を観てみてください。そしてご自身の印象を客観的に捉えてみましょう。ご自身の動画を見ながら、良かった点、悪かった点を書き出してみてください。

リアルの時とは、目につくポイントが違うことに気づいたのではないでしょうか。「Zoom」で映っているのは基本的に胸から上の部分のみ。これまで以上に表情や目線、髪の毛（髪型だけではなく、色も含めて）、歯並びなど、とにかく顔に注目されるようになります。

実際、「Zoom」でのコミュニケーションが増えたことで、整形や歯科矯正を考えるようになったという話もチラホラ聞こえてきています。

まず、**今すぐに改善できるポイントとして、「表情」と「相づち」があります**。パッと画面に映った表情が固いと、それだけで「なんとなく怖そうな人だな」という印象を与えます。プロのビジネスパーソンは、自分の表情もしっかりとコントロールします。これはリアルの場でも同じなのですが、「Zoom」だとより一層クローズアップされます。

感じの良さを与える表情は、もちろん「笑顔」です。そして、誠実さを印象づけたい時には「真剣な顔」をします。まずはこの２つの使い分けを意識してください。笑顔には、はにかみや微笑みなどいくつか種類がありますが、ここでは、私がいつも教えている笑顔のポイントを２つお伝えします。

・上の歯が10本見えるように、口角をしっかりと上げる
・必ず目も一緒に笑う　（目が笑っていないと怖い！）

　つまりは、しっかりと笑っていることが相手に伝わるように笑顔を作ることが大切です。表情を作っているのは、顔の筋肉ですので、トレーニングを重ねることでこのコントロールは必ずできるようになります。

　早速トレーニング！　ということで、この章が終わるまでは、笑顔をキープしたまま読み進めてくださいませ。

　そしてもう１つ、非常に大切なのが「相づち」です。「Zoom」で自分が話を聞く立場にある時には、**リアルの時よりも少しオーバーリアクション気味に相づちを入れることをぜひ、意識してみてください。**

　先ほど「Zoom」で自撮りをしていただいた時に、相手の反応がない中での喋りづらさを感じられた方も多いと思います。

　「Zoom」で会話をしている時は、スピーカービューで主として話している人が大画面になる機能があります。そうすると聞き手の表示は小さくなります。ギャラリービューという全員が等分で表示される設定でも、やはり一人ひとりの表示は小さいですね。そうすると普段通りの相づちでは、やっているのかど

うか相手に伝わりづらく、話し手は「本当に自分の声は届いているのかな？」と不安になってしまいます。

　私は、セミナーや商談の際、次の2点は自分たちだけではなくお客様にも実践いただけるようお願いをしております。

・相づちはいつもより大きく、しっかりと頷く
・「〇」「×」などの表示を指ではなく、身体全体を使って表現する

　たったこれだけのことですが、コミュニケーションの濃度がぐっと上がります。

スピーカービュー

ギャラリービュー

もうごまかしが効かない、スピーチ力

さて、この章の最後に一つ残酷な話をしなければなりません。

「Zoom」コミュニケーションではこれまで以上にスピーチ力が問われるようになります。スピーチ力の差が収入の差になると言っても過言ではないと私は考えております。

リアルの商談の場であれば、例えばサンプルを手に取っていただいたり、資料をお客様ご自身がめくりながら話を聞いたり、それこそ豪華絢爛なオフィスで圧倒したり、と様々なものにお客様の注目も分散していました。「Zoom」では、**画面に映るあなたのスピーチがすべてです。話がつまらなければ、それで商談は終了です。**

・ぼそぼそと話していて聞き取りづらい
・話がまとまっておらず、何について話しているのか分からない
・声が嫌い
・話すスピードが遅い

これでは絶対に契約は取れません。聞く耳が立たず、眠たくなり、商品に対する興味は完全に失せてしまいます。スピーチ力の強化に関しては、それだけで本が1冊書けるほど、大切です。

　ここでは「声」の重要性について触れたいと思います。普段、ご自身がどのような声を出していらっしゃるか意識していますか？

　声というのは、実はものすごく大事です。特に女性は、男性の声に敏感に反応します。よく「生理的に合わない」という表現をしますがその原因を突き詰めると、「声が嫌い」である場合がとても多いのです（ちなみに、香りも快・不快が明確に分かれます）。

　営業でも、契約に結び付きやすい声、そうではない声というものがあります。

　声は生まれ持ってのものと思い込んでいらっしゃる方が多くいるのですが、実は**声もトレーニング次第で変えられます**。何を隠そう、私自身が営業のために声を変えた一人ですのでこれは断言できます。

　ここで、問題です。第一章で、私は色々な声で電話をかけてアポイントが最も取りやすい声のトーンを手に入れたというお話をしました。さて、電話でお客様のアポをとりたいと思った時、どのような声で電話をかけると、一番決定率が高いでしょうか？

・高めの、明るい声で電話をかける
・低めの、重々しい声で電話をかける

　実は、後者の低い声のほうが、アポイントが取りやすいのです。実際に色々な声で電話をかけて比較をしましたが、圧倒的に「低めの声」のほうが高い確率で決定できました。

　低い声で話をしたほうが、仕事相手として信頼できる相手であることを印象付けられるのだと考えています。

　反対に、自社にかかってきた電話を受ける時は、少し高めの声のほうが良い印象を与えることができます。このように「声」もシチュエーションによって使いこなせるようにならなければいけません。

第 3 章

オンライン時代の営業力

なぜ、私はすべてのカリキュラムを
オンラインにしたのか

「朝倉先生、私、パソコンとかオンラインって苦手なんです」

　2020年5月、これまでリアル会場のみで開催してきた女性のための仕事塾「ＴＳＬ」を、完全オンラインで開催すると発表しました。すると多くの方から、「オンラインが苦手」「パソコンを使えない」という問い合せが入りました。

　受講生は35歳以上の女性が中心で、パソコンやインターネットの類が苦手という方が多くいらっしゃいます。新しいことをやろうとしていることに興味はあるけど、うまく受講できるか自信がない。なんとか自分でもスムーズに受けられるようなフォローをしてもらえないだろうか。Facebook のアカウントを作りたくないから、特別措置をしてもらえないだろうか。そのような不安と期待が入り混じったご相談を受けるようになりました。

　彼女たちの声を聞いて、私は意を決しました。そしてすぐに「すべての工程をオンラインのみとすること。個別のフォ

ローをしないこと」と運営のスタッフに通達しました。

　なぜこのように突き放すような行動をとったのか。それは、彼女たちの相談に、依存の心を感じたからです。

　正直に言うと、私もパソコンなどの機械は苦手です。これまでは、部下にやってもらうことも少なくありませんでした。

　しかし、この生きるか死ぬかというタイミングに、「苦手だからやってください」「苦手な私に合わせてください」「苦手なのでやりたくないです」という態度では、絶対に生き残ることはできませんし、周囲の人も助けてくれるだけの余裕は一切ありません。

「苦手なんです」―「はぁ、そうですか。それではさようなら」
　そう言われて終わりです。

　これまでであれば、一つひとつ丁寧にサポートをしていたかもしれません。苦手だと仰るなら、ＳＮＳのアカウント作成から一つひとつ、つきっきりで教えてあげたかもしれません。弊社はどちらかというと、それくらい受講生と密な関係を築いてきました。しかし今はそれだと、その場の問題は解決できても、長い目で見た時に彼女たちのためにならないと強く感じました。

子どもの宿題を親が代わりにやってあげれば、「宿題を提出する」という課題はクリアできます。しかし、子どもの学力は伸びず、次に同じような問題が出てもその子は自力でそれを解くことはできないのです。

　それと同じで、これからオンライン時代を生き残っていく力をつけようという話をしているのに、その場の満足や安心感のために手厚いフォローをしてしまっては、結局「良い話を聞けた」だけで終わってしまい、本人の身につくものがありません。

　苦手意識は残ったままで、「何か困ったことがあれば誰かに聞こう」という考えをより定着させてしまうことになります。これでは本末転倒です。

習うより、慣れろ

　私はあえて心を鬼にして、多くの受講生が苦手だと知っているからこそ、この講座はすべてオンラインで完結させることに決めました。「Zoom」で講座を受けているその時間だけではなく、他の塾生とのコミュニケーションや課題の提出など、様々なプロセスを通してオンラインに触れる機会を増やすことで、苦手意識を少しでも減らしてほしいと考えたからです。

　そして個別のフォローをしないことで、自分自身で問題解決をする機会を強制的に作ろうとしました。受講生の中には、「突き放された」と感じた方もいるかもしれません。

　しかし、「大切」とは「大きく切る」と書きます。大切に思うからこそ、依存心を断ち切ったのです。

　教えてもらえないのであれば、自分でやるしかない。**最初は下手くそでもいいのです。自分で調べて、自分でやってみる。そのプロセスにこそ意味があります。**

かくいう私も、この数ヶ月で大きくオンラインへの対応力が向上したと自負しています。緊急事態宣言下のテレワーク中、初めは本当に戸惑いました。自宅のパソコンが Wi-Fi に繋がっているかどうかも分からなかったのです。とはいえ部下を自宅に呼ぶわけにもいかず、リモートで部下に教えてもらいながら、一つひとつ覚えていきました。

　今では、自分で「Zoom」のホストをすることも、自撮り映像をアップロードすることもできるようになりました。まだまだそのレベルかと思われるかもしれませんが、「自分」でできるようになったことは私にとって大きな成長だと感じています。

　自分で触って、自分でやることで、だんだんと「共通パターン」のようなものも見えてきます。「設定ページはだいたい右上にある」とか、「☰MENU」というボタンを押すとメニューが出てくる」というようなことが分かってくると、他のウェブサイトやサービスでもスムーズに使えることが多くなりました。

　やはり、習うより慣れろ、これに尽きます。

「オンラインが当たり前」の価値観に 変わっていることに気づいていますか?

　もちろん、パソコンやオンラインが苦手なのは女性だけではありません。男性の経営者の方、男性の人事担当者の方でも、「苦手だから」「よく分からないから」という理由で、リモートでの打ち合わせを嫌がられることもあります。受講生ではなく、クライアントですから、それ以上強くは踏み込みませんが、「もったいないな」と感じます。

　これまではオンラインに対応できるというのは、業界にもよりますが、どちらかといえばプラスアルファとして捉えられることが多かったように思います。

　しかし新型コロナウイルスにより、「オンラインが当たり前」という価値観が、一気に社会全体に広がりました。そうすると、オンラインに対応できないということは、もうそれだけでマイナス要素になってしまうのです。

　苦手だとアピールする人に、いちいち付き合っている時間と余裕は、企業にも個人にもありません。この価値観の転換に気

づかず、いつまでも「俺は（私は）パソコンが苦手だから……」と言っているような人は、自社の商品が売れないだけではなく、顧客としても相手にされない時代になっていることはぜひ自覚していただきたいと思います。

　非常に厳しいことを言いましたが、これは真実です。**ここで変わらなければ、もう変わるチャンスはやってこないと言っても良いくらいです。**

ＩＴリテラシーの意味

「ＩＴリテラシー」という言葉があります。実は私も最近まで、なんとなく耳にしたことがあるくらいで、深く考えたことはありませんでした。しかし、今この〝リテラシー〟が非常に重要だと思います。

ＩＴリテラシーとは、パソコンやインターネットなどに関することを理解する能力という意味で使われます。それぞれの機器の操作や、多くの情報の中から必要なものをピックアップすることなどを含みます。

非常に大雑把な言い方をしてしまうと、パソコンやインターネットに長けている人を「リテラシーが高い」と言い、逆に苦手でうまく扱えない人を「リテラシーが低い」と言います。ＩＴリテラシーとほぼ同義で使われる言葉に、情報リテラシー、メディアリテラシーというようなものもあります。

それぞれを細かく使い分けている人もいれば、同じ意味で使っている人もいますが、特に私が注目したのが、すべてに共

通している「リテラシー」という箇所です。

　リテラシーとは、本来「読解記述力」を意味します。何かしらのカタチで提示された情報を適切に理解、解釈し、また自分でも表現することができるような能力のことです。簡単にいうと、「読み書きの力」です。

　ＩＴとは関係ない勉強をする際にも、リテラシーは非常に重要です。私は以前小学校の先生をしていたことがあります。その経験からも確信していることですが、読解力とは何も国語の教科のためだけにあるものではありません。

　読解力の低い子どもは、文章の意味が分からないため理科や社会の教科書に書いてある内容が理解できなかったり、算数のテストの問題の意味が分からなかったりするのです。

　リテラシーとは、単純に書いてある文字が読めるという以上に深い意味を持っているということを、最近改めて感じるようになりました。

言語化できなければ、
検索もできない

　人工知能プロジェクト「ロボットは東大に入れるか」で有名な新井紀子さんは、著書の中で日本人の読解能力の低さに警鐘を鳴らしています。書籍から一部を引用させていただきます。

　「東ロボくん」のチャレンジと並行して、私は日本人の読解力について大がかりな調査と分析を実施しました。そこでわかったのは驚愕すべき実態です。日本の中高生の多くは、詰め込み教育の成果で英語の単語や世界史の年表、数学の計算などの表層的な知識は豊富かもしれませんが、中学校の歴史や理科の教科書程度の文章を正確に理解できないということがわかったのです。これは、とてもとても深刻な事態です。

（『AI vs 教科書が読めない子どもたち』新井紀子著・東洋経済新報社　−「はじめに」より）

　日本の教育体系は、時代に対応して小さな変更は繰り返していますが、大枠では変わっておらず、今の中高生が前の世代の

人々と比べ突出して能力が劣るとは考えられません。つまり、中高生の読解力が危機的な状況にあるということは、多くの日本人の読解力もまた危機的な状況にあるということだと言っても過言ではないと思われます。

(『AI vs 教科書が読めない子どもたち』新井紀子著・東洋経済新報社 －「第三章 教科書が読めない―全国読解力調査」より)

　ＩＴリテラシーについて考えるようになって、真っ先に浮かんできたのが、このエピソードでした。「ＩＴが苦手」「インターネットが苦手」と言っている人の多くが、ＩＴだからこその問題というよりも、そもそもの読解力の問題を抱えている可能性もあるのではないかと、今は考えています。

　私自身を振り返ってみてもそうです。**パソコンが苦手だと感じる最大の要因は、「言葉の意味が分からない」「教えられても、何を言っているのかが分からない」という点です。**パソコンの操作に関していえば、基本的な用語が理解できていないから、その先に進めないのです。

　自分が知りたいことを言語化できなければ、検索もうまく使いこなせません。
　ＳＮＳやインターネットとの付き合い方に関しても、字面だ

けを見て判断してしまうから、フェイクニュースを拡散してしまったり、誇大な宣伝文句を真に受けてしまったりするということが言えると思います。

　すべて、基本的な読解力に繋がってくるのだな、ということに気づいたのです。

　読解力といっても、単純に能力が足りない場合と、読み解こうとしていない場合があります。特にＩＴ、オンラインが苦手だと言っている方は、ぜひ一度、自分がそこにある情報を理解しようとしているのかを考えてみてください。

　知らない言葉だから、カタカナばっかりだから、と避けてばかりいてはその先には進めないのです。反対に、その壁を越えた先では、非常にスムーズにオンラインへの対応力が向上できるようになると私は実感しています。

大きく変わったお客様の購買プロセス

　マーケティングの世界ではとても有名ですが、お客様が商品を購入するまでの心理プロセスを示した「ＡＩＤＭＡ」*①という法則があります。

＊① 1920 年代にアメリカの著作家、サミュエル・ローランド・ホール氏によって　提唱された概念

　Ａ：Attention（認知）
　Ｉ：Interest（興味）
　Ｄ：Desire（欲求）
　Ｍ：Memory（記憶）
　Ａ：Action（行動）

　まずはお客様に知っていただき、興味を持っていただき、欲しいと思っていただき、きっかけを与えて、購入していただく。それぞれのプロセスにおいて、必要な情報を提供したり、トークの内容を変えたりします。マーケティングの用語ですが、営業においても同じです。

　実は、対面営業であれば、最初のＡから最後のＡまでを一気

通貫で行うことも可能でした。飛び込み営業でお客様に対面したり、看板を見て店舗にご来店されたお客様にその場で商品についての説明をして、購入までいざなうことができました。

しかし、この「ＡＩＤＭＡ」が提唱されたのは、実は1920年代、今から100年も前のことなのです。もちろん皆さんもお気づきのように、私たちの購買における心理プロセスは大きく変化しています。

2010年ころからは、「ＡＩＳＣＥＡＳ」＊②というプロセスが主流となっています。

＊② 2005年にアンヴィコミュニケーションズ望野和美氏によって提唱されたモデル

A：Attention（認知）

Ｉ：Interest（興味）

S：Search（検索）

C：Comparision（比較）

E：Examination（検討）

A：Action（行動）

S：Shere（共有）

欲求と記憶がなくなり、検索、比較、検討、共有が新たに加わりました。

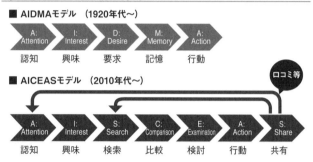

◇大きく変わった、購買行動

■ AIDMAモデル （1920年代〜）

A: Attention	I: Interest	D: Desire	M: Memory	A: Action
認知	興味	要求	記憶	行動

■ AICEASモデル （2010年代〜）

口コミ等

A: Attention	I: Interest	S: Search	C: Comparison	E: Examination	A: Action	S: Share
認知	興味	検索	比較	検討	行動	共有

　商品やサービスのことを知ってもらい、興味をもっていただくポイントまでは同じです。その後、お客様は検索をし、類似の商品と比較し検討をした上で、購入すべきかどうかを判断します。また購入した後には、購入したということや、実際に使ってみての感想などをSNSにシェアをします。そこでシェアをされた情報が、また次の人の認知に繋がったり、検索をされた時の比較材料としても活躍したりしてくれます。

　こちらも同じくマーケティング用語ですが、オンライン時代の今、個人が簡単に情報発信者となれる中で営業とマーケティングの境目も曖昧です。「私は営業だからこんなこと知らなくていい」なんてことはありません。マーケティング的なフレームワークを理解することで、これからの営業の進め方も考えやすくなります。

　今皆さんの行っている営業活動は、この「ＡＩＳＣＥＡＳ」のプロセスにきちんと乗れているでしょうか？　お客様の元に直接伺うことができない、店舗へのご来店が見込めない状況にある、そして人と人とが会うことそのものがはばかられる今のような状況において、この「ＡＩＳＣＥＡＳ」すべてのプロセスがオンライン上で完結する仕組みは持っておくべきです。

　お客様は、オンライン上であなたのことを知ることができますか？

　お客様が興味を持つような発信が、オンライン上でできていますか？

　お客様が検索した時に、あなたの商品やサービスの情報は表示されますか？

　お客様が比較検討するのに十分な情報はホームページに載っていますか？

　お客様がオンラインで商品を購入できる導線はありますか？

　お客様は、自社のこと、商品やサービスのこと、あるいは営業担当であるあなたのことをオンラインでシェアしてくださっていますか？

　これは会社として考えることであり、営業が個人として考え行動できることでもあります。

オンライン時代の情報発信

　これまで苦手だった自分自身がオンラインを積極的に活用するようになった、ということは、同じようにこれまでアナログ派だった人もオンラインの世界になだれ込んできているということです。

　あなたが誰かについて調べるように、あなた自身も誰かから調べられるようになります。もし、日ごろから情報発信をしていなければ、お客様があなたの名前で検索をしても出てくる情報は限られています。

　当然、お客様はあなたのことをあまり知ることはできません。しかしライバル会社の営業が、例えば毎日ブログを書いており、仕事に対するこだわりや自社の商品の特徴などをまとめていたらどうでしょうか。**よく分からない人と、仕事に対する姿勢が見える人。あなたならどちらに仕事を依頼したいと考えますか?**

　社員のＳＮＳやブログ等の活用に関しては、炎上のリスクな

どから消極的な企業が少なくありません。もちろんその考えは
分かります。しかし情報を発信しないということは、マイナス
の印象を持たれることもなければ、プラスの印象を持たれるこ
ともないということです。

　すごく極端に言うと、オンライン上に情報がないということ
は、今の時代ではその存在すら認識されないといっても過言で
はありません。

エゴサーチをしてみよう

　自分で自分のことを検索することを「エゴサーチ（略してエゴサ）」というそうです。この言葉を知ったのは最近なのですが、私は以前からしょっちゅう「エゴサーチ」をしています。**お客様が私の名前で検索をした時に、どのような情報が表示されるのかを客観的に知っておくことがとても重要**だと考えていたからです。

　さぁ、ここでワークの時間です。今から一緒にエゴサーチをしてみましょう！

　やり方はいたって簡単です。お手元のスマートフォン、あるいはパソコンの検索画面を開き、ご自身のお名前で検索をしてみてください。私であれば「朝倉千恵子」と入力します。そして最初の1ページ目、上から10件のページ内容を確認します。

　この時、著名な方と同姓同名の場合は、なかなかご自身の情報が上に出てくることはないと思います。そのような場合には、例えば業界名や社名と組み合わせて検索をしてみましょう。「朝

倉千恵子　社員教育」「朝倉千恵子　株式会社新規開拓」といった具合です。

　さぁ、いかがでしたか？　仮にもしも10件すべて100%コントロールできていますという人がいるとすれば、そもそも、オンライン時代の営業力には困っていないかもしれませんね。

　私の場合は、ブログや、自社のウェブサイト、ＳＮＳのページ、ウェブメディアに掲載いただいた記事の情報、YouTube動画、書籍情報などが出てきます。10件すべて自分の情報で埋められており、及第点は取れていると思います。

▲ Google で著者の名前を検索すると……

初めてお会いする際に、事前に私の名前で検索して、情報を調べていらっしゃる方は少なくありません。その時に、「朝倉千恵子とはこのような人間です」と表現できる情報が掲載されているかどうかは非常に気にしています。

　これは私が会社の社長をやっているから、書籍を出版しているから、できることではありません。会社の社長であっても、情報発信をしていなければ検索結果に表示されるものがないのです。反対に一般社員であっても、実名でブログを書いたり、ＳＮＳを更新したり、YouTube に動画投稿をしたりしていれば、同じような検索結果を作り出すことは十分可能です。

　ご自身のお名前でのエゴサーチをやってみたら、今度は社名や取り扱っている商品名でもエゴサーチをしてみてくださいね。

見られているという意識を持つ

オンライン時代の情報発信を考える上で、まず「検索結果に自分の情報が表示される」ことが大切だとお伝えしてきましたが、自分の情報であれば何でも良いかといえば、もちろんそうではありません。

毎日今日食べたスイーツの報告をしているＳＮＳを見ても、「この人はスイーツが好きなんだな」と思うことはあっても、「この人から車を買いたいな」と思われることはまずないでしょう。**自分で楽しむＳＮＳも良いですが、営業として活用したいのならば、その発信内容も考えなければいけません。**

私はＳＮＳ発信の専門家ではないので具体的なことはここでは言及しませんが、意識していることに２つの大きなポイントがあります。

１つ目が、「○○といえば、■■さん」というテーマで発信をするということです。もちろんその○○はご自身の売りたい商品（仕事）と関係のある内容です。私であれば、営業、女性の

仕事力向上、社員育成といったテーマを中心に情報発信をしています。

　そして2つ目が、「常に見られている」意識を持つことです。**インターネット上に残した記録は半永久的に残ります。ネガティブな心の声も、誹謗中傷も、フェイクニュースの拡散もすべて残ります。**

　そして意外と古い情報でも、人は見ています。昔ＳＮＳに書いた誹謗中傷のコメントが、後になって掘り起こされて炎上するなんてことも実際に起きています。

　この発信は、道の真ん中で声に出して言えるものか？　と必ず考えてから送信ボタンを押すようにしてください。

隠し事ができないフェアな時代

インターネットは苦手だ、という方とお話をしていると「怖い」という感想をよく耳にします。先ほどもお伝えしたように、ネット上に公開された自分の情報は半永久的に消すことはできないからでしょう。

その場限りの行動、安易な誹謗中傷、苦し紛れのウソ、身の丈を大きく見せようとする見栄……。好むと好まざるとにかかわらず、すべてが残ってしまいます。そして「そんなつもりはなかった」のに、曲解されて拡散されて炎上している人たちも実際にいます。

それが怖くて、情報を出すことができない、という人は少なくありません。しかし私は反対に、「だからこそ面白い！」と感じています。こういう時代は本物しか残らない時代だからです。

そもそも、心にないことは言葉にも出ません。文字にしたということは、心の内にそのように考える何かがあったはずです。

オンライン時代は、ウソや偽りで塗り固められたもののように感じている人が多いようですが、私はまったく反対に考えています。**今は、ウソや偽りを捨てて、常に胸を張って行動しなければ生き残れない世の中なのです。**

　本物の発言、本物の行動、本物の考え方が求められています。

　ウソも、偽りも、すべてが暴かれる時代。正直ものが馬鹿を見ない時代がやってきたのです。恐れるどころか、ものすごくフェアな時代ではありませんか？　胸を張って、生きましょう！

第 4 章

コミュニケーションの常識を
アップデートする

オンライン時代の「礼儀正しさ」

礼儀正しさとはなんでしょう。

　営業とお客様との関係に限らず、人と人が心地よい状態を保つためには、礼儀が必要です。どんなに優れた能力や豊富な知識を持っていても、礼儀が欠けていれば社会で生きていくことが難しくなります。小手先の営業テクニックを覚えるよりも前に、まず礼儀正しい人間になってください、と自社の社員にも、営業研修の受講生たちにも、繰り返し伝えてきました。

　研修の際には、**礼儀とは「自分以外の人に対する接し方」**だと伝えています。目上の人、上司やお客様に対してだけ礼儀が必要なわけではありません。部下に対しても、取引先の担当者の方に対しても礼儀正しくいなければならないのです。

　礼儀正しさの最低限のルールは、「相手に不快感を与えないこと」。心の中でどんなに相手を大切に思っていても、形として表さない限り、相手には伝わりません。そのために必要な要素として、5つの項目があります。

1. 挨拶
2. 言葉遣い
3. 態度・姿勢
4. 服装・身だしなみ
5. 順序・席順

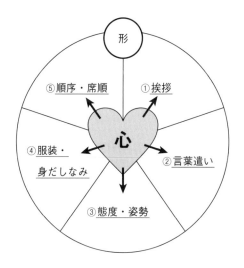

　これはあくまでリアルのコミュニケーションの中でのことだと考えられる方もいらっしゃるかもしれません。しかし結論を言うと、オンラインでもオフラインでも本質は同じだと思います。**相手のことを考え、相手を思う気持ちを形にすることはオンラインでのコミュニケーションでも間違いなく大切です。**

ただし、型は変わります。

礼儀の最低限のルールは「相手に不快感を与えないこと」と
お伝えしましたが、この基準がオンラインの時代には大きく変
わることでしょう。それも、人によって変わります。

コミュニケーションにおいては、「常識的」であることが「礼
儀」正しさと同じように捉えられることがあります。例えば、
深夜に電話をかけないことは礼儀・マナーであるのと同時に、
「常識的に考えて当たり前」とも考えられます。

［常識］
① ある社会で、人々の間に広く承認され、当然もっている
   はずの知識や判断力。「 −では考えられない奇行」「 −
   に欠ける」
②「共通感覚」に同じ。
   〔「哲学字彙」(1881年)に英語 common sense の訳語とし
   て載る〕　　　　　　　　　　　　（『大辞林 第三版』(三省堂)より引用)

しかし今、この常識という概念が大きく変わろうとしていま
す。多様化が進む中で、一つの価値観を正しいとするのではな
く、価値観はたくさんあるものであって、どれも肯定されるべ
きだという論調が広がっています（私も同意見です）。

　グローバル化、働く女性の活躍、フリーランスの増加、そしてリモート化。いま「常識」は、新しいものに変わっているというよりも、「小さな常識」がたくさん乱立しているような状態であるというのが、私の考えです。ある人にとっての常識が、他の人にとっての非常識になり得るのです。

　ここで礼儀の話に戻りますが、礼儀の最低限のルールは「相手に不快感を与えないこと」と申し上げました。礼儀正しいということを、常識に則った行動をすることだとすると、どこかで自分の常識を相手に押し付けて、むしろ相手は不快に感じてしまっていた、ということが起こり得る時代になってきていると言えるでしょう。

　一例として、お笑い芸人として、そしてビジネスパーソンとしても有名な西野亮廣さんが、「差し入れをやめてほしい」という声明を出し、物議を醸したことがあります。ファンの方やお仕事で関わる方からたくさんの差し入れをいただくものの、気持ちは嬉しいけど非常に迷惑だと言うのです。

　体重・体調を管理しなければならないので、食べ物をもらっても食べられない。物をもらっても、そんなにたくさん置いておくところもない。とはいえ、もらったものを捨てるのはやっぱり心が痛む。

「だから僕には差し入れを渡さないでください」と強く表明を
しても、それでも持ってくる方がたくさんいるのだそうです。
それどころか、善意なのだから拒否するなんてひどい、と西野
さんを誹謗中傷するメッセージもたくさん溢れていました。

　私はこの炎上騒動を「とても難しい問題だな」と思いながら
見ていました。この事例は芸能人だから特別ということではあ
りません。**今、モノをもらうということに対する考え方は人に
よって様々です。**

「もらえるなら何でも嬉しい」人もいれば、「気持ちがこもって
いるものなら嬉しい」人もいます。一方で「何ももらいたくな
い。渡されても迷惑」だという人もいます。特に今は、モノが
溢れており、通信も物流も昔とは比べ物にならないほど整備さ
れているため、「モノ」に対する執着が少なくなっています。

手土産文化の衰退

似た事例で、「手土産」の文化があります。

例えば、これまではお客様と会食をする時には、手土産を用意することが通例でした。「手土産を渡さないなんて礼儀に欠ける」という考え方が一般的でしたが、これも今後は正反対の意見が出てくることでしょう。

実は私も会食で手土産をお渡しした際に、「二次会に持って行くには邪魔なんだよね」と言われたこともありました。結局、３軒目、４軒目と行く中でスナックやクラブの女性たちに「これもらったんだけど、いらないからあげる」と渡されていたのです。

日ごろマナーを教えている私が言うと、驚かれることが多いのですが、こうした、**形式的な贈り物文化は今後どんどん衰退していくと考えています**。

手土産の文化というのは、日本の奥ゆかしい文化の一つでは

ありますが、同時に日本の「お返し文化」を象徴しているなとも思います。してもらったら返さなくてはならないという気持ちが生まれ、そこに貸し借りの関係が生まれるのです。接待も同じです。

　モノをもらったからモノを返す。接待を受けたから、契約をする。

　こうしたあり方は、今まさに転換期に来ており、二極化していると感じます。特に平成以降の世代はモノをたくさん持とうとしません。過剰なプレゼントや過剰な接待は嫌がられます。

　加えて今は、新型コロナウイルスの影響で、「人の手に触れたもの」を嫌がる人が増えています。こちらが良かれと思ってしたことが、相手に嫌がられることがますます増えていくことが予想されます。

　これまで、特に営業では当たり前であった、手土産、お中元、お歳暮……。改めてその意味を考えてみるタイミングに来ているのかもしれません。

**　ビジネスの関係であれば、してもらったことに対しては「モノ」ではなく「仕事」で返す！**　この心意気が大切です。

相手の時間を奪うことに対する意識

　もう１つこれからの時代のコミュニケーションで絶対に押さえておきたいのが、「相手の時間を奪うこと」に対する意識です。

　私がまだサラリーマンをしていたころは、「大事な話は電話で」というのが原則でした。これが常識的なルールだったのです。しかし今は、電話を嫌がる人も少なからずいます。電話は相手の時間を拘束する上、内容が記録にも残りません。電話をかけてくるなんて非常識だ、と考える人たちがいるのです。

　実は私も、電話はあまり好きではありません。理由は１つ、「時間を奪われるから」です。電話がかかってくると、今自分がやっていることの手を止めて対応をする必要があります。また、どれくらいの時間を要するのかも分かりません。

　オンライン時代には、ますます「時間」の価値が高くなります。時は金なり、という諺がありますが、むしろ時間の価値のほうがずっと高くなると私は考えています。ビジネスのスピードもますます速くなります。厳しいことをいいますが、そんな

中で、まったりと、無自覚にこちらの時間を奪ってくるような人の相手をしている暇はないのです。

　価値感の転換という意味では、私は、これまで自分のブログやＳＮＳにきたコメントには、すべて欠かさず返信をしていました。きちんと返事をすることこそが礼儀だと思っていました。スマートフォンが普及し、「既読スルー」という言葉を聞いた時には、なんて無礼な行為なのだろうと憤りを感じたほどです。

　しかし、途中で苦しくなってきました。あまりにも時間を取られるからです。もちろん誰かにやれ、といわれてやっていたわけではありません。自分のこだわりで続けていたことです。

　そんな時、「ＴＳＬ」塾生のある方がこんなことをおっしゃいました。

「朝倉先生は、投稿にコメントしたら、必ず返信をくださいます。だから私は、先生の投稿にはコメントをしません。先生の大切な時間は、他のことに使ってください」

　目から鱗が落ちました。そんな思いやりのカタチがあるのかと心が震えました。そして、自分自身が「型」にこだわっていたことに気づいたのです。私が礼儀だと思ってやっていた「必

ず返信をする」という行為も、結果的に「コメントしては悪い
な」と気を遣わせることにつながっていたことも事実です。

　それからは、絶対に、何が何でも返信するという考え方は改
めました。時代や環境が変われば、価値観も変わり、状況も変
わります。

「ＴＳＬ」でコミュニケーションの講座を担当してくださってい
る井上敬一先生が、「人は感情でしか動きません。理屈で人
は動きません。だから、感動という言葉はあっても、理動とい
う言葉はないのです」というお話をされていて、まさにその通
りだな、と思いました。

　画一的なマナーでは、これからは相手の心を動かすことはで
きないでしょう。反対に、「相手を思う心」を忘れなければ、型
は変えてもいいのです。むしろこれからは、相手に応じて変え
ていくべきですね。

オンライン時代のコミュニケーションに主導権を持つ

　ただ、この「相手に応じて対応を変えていく」というのが実は非常にやっかいです。**この多様化の時代、オンラインの時代は、正解の型が見つけにくいのです。**先に手土産と電話の例を出しましたが、実際には「手土産が嬉しい」と考える人や、「電話をかけてきてほしい」と考えている人もいるのです。

　ここで質問です。皆さんは普段、どのような方法でコミュニケーションをとっていらっしゃいますか？　いくつか例を出してみます。

・対面
・手紙
・固定電話
・ＦＡＸ
・メール
・携帯電話
・メッセージアプリ（ＬＩＮＥ、メッセンジャーなど）
・ビジネスチャット（Slack、チャットワークなど）

・ＳＮＳのダイレクトメール
・ウェブ会議（Zoom、Google meetsなど）

　では、お客様はどのような方法を好んで使っていらっしゃいますか？

　今後コミュニケーションの中心が、よりオンライン化していくことはすでに分かっています。対面やＦＡＸ、固定電話といった場所を限定するようなコミュニケーションは減っていくでしょう。

　それでも、携帯電話を使えば電話はできます。一口にチャットツールといっても、使っているものは人によってさまざまであったりもします。「相手に応じて変えていく」ことばかりを考えて、**お客様に合わせてばかりいると、今度は自分自身が疲弊してしまう可能性があります。**

　お客様が電話を好まれるから、と電話連絡ばかりでは、自分の時間もとられますし、内容が記録に残らないため二度手間になることも少なくありません。お客様が使っているツールに合わせていくつもチャットツールを使っていては、どこに何の記録があったか後に分からなくなったり、とても非効率的です。

相手に合わせていれば、お客様からは喜ばれるかもしれませんが、自分自身の仕事を加速するという視点でみると、あまり良い仕事の進め方とはいえません。

　実はオンライン時代において、「どのコミュニケーションツールを使うか」について主導権を持つことは非常に大切な考え方なのです。

主導権を握る、小さな「はい」の積み重ね

　私は、普段ウェブ会議であれば「Zoom」を使用しています。そして今、お客様たちに対しても積極的に「Zoom」の導入をおススメしています。

　この時の勧め方にポイントがあります。

「弊社では、Zoom を使用しているので、Zoom でお願いします」と言ってしまうと、「なぜあなたに合わせないといけないのですか？」とお客様はカチンときてしまいます。

　ぜひ、覚えておいてほしいテクニックが「小さな"はい"」を積み重ねる方法です。 いきなり大きなお願いをしても断られてしまえばそこで終わりです。相手が悩まずに受け入れてくれるくらいの小さなお願いを重ねていくことで、得たい結果につなげることができるようになります。

　例えば、まだウェブ会議に対して抵抗感があるお客様に対してはこのようにお伝えしています。

「社長、オンライン化と色々言われていますが、最も簡単でコストもかからないツールを見つけたんですが、少しお話してもよろしいですか?」 → 「はい」

「Zoom といって、今数あるウェブ会議システムの中でも最も使われているサービスです。私でもすぐにできたくらい本当に簡単なので、今ちょっと試してみませんか?」 → 「はい」

「これから、メールでＵＲＬをお送りしますので、そちらをクリックしてみていただけますか?」 → 「はい」

「ありがとうございます。これでもう繋がりました!　この間何秒でした?　本当に簡単でしたよね。実際に使ってみると、思ったよりも簡単ではありませんでしたか?」 → 「はい」

「そうですよね。移動時間も交通費もかかりませんし、〇〇社の未来のためにも私は絶対に Zoom の導入をおススメしています。まずは、次回の私とのミーティングを Zoom でやってみませんか?」 → 「はい」

　という流れです。まるで「Zoom」の営業のようなトークですが、考え方は営業と同じです。会話の主導権を握り、「そちらを使ってみようかな?」という気にさせることが重要です。

　余談ですが、「Zoom」というツールは無料プランであれば、3人以上のミーティングの際には40分という時間制限があります。この時間制限は絶妙だな、といつも感心してしまいます。

　制限があるからこそ、40分以内に終わらせようとする意識が働きます。同じテーマ、同じメンバーであっても時間が無制限であればつい長々と話してしまいがちです。しかし、時間は有限、とっても貴重な財産です。

オンラインよりもオフラインが
優れているという誤解

　2020年、日本中で一気にリモートワークが導入され、お客様とのコミュニケーションもオンライン化するしかありませんでした。それに対して、「最近はなんでもかんでもオンラインになってしまって、コミュニケーションが希薄化する」という声を聞くことがよくあります。

　確かに、同じ空間を共有しているほうが、それだけ共有できる感覚も多く密度も高くなるのですが、**オンラインコミュニケーションだとお客様と信頼関係を築けないかというと、そうではないと思います。**

　2020年3月に初めて「Zoom」を使ったオンラインセミナーを開催しました。その時は私も、「オンラインで本当に私の想いは相手に伝わるのだろうか？」と半信半疑でした。もちろん、オンラインだろうがリアルの場だろうが、私は100%自分ができることを出し切りますが、それが相手に受け取ってもらえる確証が持てなかったのです。

　1時間のセミナーが終わろうとした時、チャットに1通のメッセージが入りました。

「オンラインでも、朝倉先生の想いと情熱は届きました」

　もちろん事前に私の不安感などを話していたわけではないので、思いもよらない感想でした。「届いたんだ……」と心の底からホッとしました。同時に涙が込み上がってきて、気づいたら泣いていました。

　それから回を重ねていくうちに気がついたのですが、実は「Zoom」を使ったセミナーでは、リアルの研修に勝るとも劣らない強みがあるのです。それは、

・**双方向のコミュニケーションができること**
・**顔が近いこと**

です。

　リアルの研修やセミナーを開催する場合、基本的には講師から一方的に語り掛けることになります。しかし、「Zoom」であれば、受講生はその都度分からないところや、詳しく取り上げてほしい項目をチャットでコメントすることができます。進行

を妨げるわけでもないので気軽にコメントができます。

　講師もコメントを見ながら、「この部分が気になるんだな」とその場で質問に答えることが可能です。リアルの研修やセミナーではリアルタイムでの相互コミュニケーションはなかなかとることができませんので、これは「Zoom」ならではだなと思います。

　オンラインでは、受講生という立場で参加している人も、その場を一緒に作り上げていく存在になります。

　そして、もう1つ、顔が近いということについて。「Zoom」であれば人数が多くてもお互いに見えるのは顔を中心とした、いわゆるバストアップと言われている部分のみです。これはリアルの場で会うよりも距離が近いのです。話し手の表情は、これまでよりも、とてもよく見えます。すると、熱のこもった話をすると、リアルの場と同じくらい、いやもしかするとそれ以上に相手はこちらの情熱を受け取ってくれるのです。

「これはこのまま営業にも応用できるな」と思いました。これまでのリアルの場であれば、B to Cでも、B to Bでも、営業は目の前のお客様一人（一社）に向けて提案するというのが、基本のスタイルでした。しかし、**オンラインを活用すれば、大**

勢の人（や会社）に向けて、一度に同時に提案することが可能となるのです。

　リアルでも、例えば実演販売や、企業のデモンストレーションなど多くの人に向けて商品をPRする場はありました。しかし人数が増えれば増えるほど、一人ひとりとの接点は小さくなります。後ろのほうからでは、何をやっているのかよく見えませんし、大きな会場ではプレゼンターの顔はほぼ見えない状態でした。

　それが、「Zoom」を使えば、人数が50人でも、100人でも、参加されている方のパソコンやスマートフォンの画面には私の顔の〝どアップ〟が映し出されるのです。資料や映像を見せる時も同じです。これまでよりも画面や紙との距離が近くなり、他の情報が目に入ってきにくいため、没入感は増します。お客様が勝手に資料をパラパラとめくるようなこともなくなり、見せ方もコントロール可能になります。

　1点注意をしていただきたいのが、これは話し方や資料が優れている場合のメリットです。相手との距離が近いからこそ、退屈な話はより退屈に感じられてしまう可能性があります。2章でも少し触れましたが、オンラインコミュニケーションが中心となるこれからの時代は、改めてプレゼンテーション力が問われる時代となります。

リモートなら、リアル以上に"会える"

　これは営業に限らず、どんな人間関係にも言えることですが、コミュニケーションで大切なのは質よりも量、それも接触回数です。特に女性はマメな人に弱いもの。月に1回高級レストランでデートをするよりも、毎日5分でもいいから会いに来てくれるほうがトキめいてしまうものです。

　ある知人夫婦はお互い共働きで忙しくしていらっしゃるのですが、非常に仲が良いのです。「秘訣はなんですか？」と尋ねると、必ず朝ご飯を一緒に食べるようにしていると教えてくださいました。「お互い忙しくてゆっくり会う時間はほとんど取れませんが、朝の『おはよう』の笑顔だけで満たされるものですよ」と。

　リアルで会うことにこだわっていると、一度商談をした後も、「それでは次は3ヶ月後に」と次回までに間が空くことがよくあります。一回一回の商談では良い話ができたとしても、別れた直後から記憶はどんどん消えていきます。これではなかなか

お客様との距離は近づきません。

　その分、オンラインでは、移動の時間や交通費もかからずに、すぐに繋がることができるので営業としても、お客様としても、コミュニケーションに対するコスト（物心両面）が非常に低く、接点を持つことにも抵抗が少なくなります。まさに「オンライン＝ビジネス界の"どこでもドア"」です！

　もちろん「Zoom」などのウェブ会議だけではなく、メールやチャットも存分に活用をしてください。**１つ１つを密度が濃いものにしようとする努力も大切ですが、それ以上に、いかに継続的に接触回数を増やすことができるかをぜひ考えてみてください。**

　私が「ポテトチップス理論」と呼んでいるものがあります。買ってきたポテトチップスを戸棚にしまっておいたら、そのことをすっかり忘れていて、もう１つ新しいポテトチップスを買ってしまった、なんていう経験はありませんか？

　でも、家に帰ってすぐに封を開けて、ひと口だけ食べたらどうでしょう。クリップで挟んで、戸棚にしまっておいたと思い出す。一度口をつけたものは「あ、まだ残っていたな」と気になるのが普通です。

つまり、自分の脳に印象づけられている状態です。

　この「ポテトチップス理論」は、営業にも応用できます。1
回1回のコミュニケーションの質は高くなくてもかまいません。
あまり良い表現ではないかもしれませんが、「ちょっとかじる」
「つばをつける」というようなイメージで、継続的にお客様と
接点を持つことで、お客様の脳に自分を印象づけることができ
るのです。

一方的なコミュニケーションで満足しない

お客様に対して接点を持ちたいと思っても、お客様がこちらとの接点を望んでいないことがあります。なぜそうなってしまうかというと、コミュニケーションが一方的だからです。

「Zoom」での商談であっても、無表情に抑揚もなく一方的に商品説明だけをされてもお客様は退屈です。その後メールや手紙が届いたところで開封すらしてもらえない可能性が高いでしょう。

会話のキャッチボールというように、「Zoom」でもリアルと同じようにお客様を巻き込みながら会話を展開していくことをぜひ心掛けてください。

・「ここまでのお話で質問はありませんか？」
・「特に印象に残っていることを教えていただけませんか？」

と質問をし、相手の反応を見ながら話の展開を変えてみるなどの工夫もできます。

「ありがとうございます！　そこを一番理解してもらいたいポイントだったんです。それにまつわる事例がありますので、ご紹介させていただいてもよろしいですか？」

このように会話にメリハリをつけることで、お客様が飽きずにこちらの話を聞いてくれるようになります。

また、これはちょっと高度なテクニックですが、「質問はありますか？」と聞いて、質問を挙げてもらった後に、面談を切り上げる方法があります。

「ありがとうございます。非常に重要なポイントですね。ただ、それを詳細にご説明するとお時間がオーバーしてしまいます。次回、今いただいた質問に回答するお時間を頂戴できますでしょうか？」と次のアポイントにつなげるのです。

お客様は疑問点が解消されない状態なので気になっています。加えて、約束の時間を守ることができる人だ、というアピールにもなります。

もともと30分の予定の面談で、１時間話をしても許される場面もありますが、それはその時、時間があったからたまたま許されたに過ぎません。

「この人は予定時間よりオーバーするんだよな」というレッテルを貼られてしまうと、その日はたくさんお話ができたとしても次回以降のチャンスが巡ってこない可能性もあるので、気をつけましょう。

リアルでも会いたいと
思ってもらえる人になる

　先日、「ＴＳＬ」受講生が、「あなたはオンラインだけで大丈夫、と言われないように頑張ります」と言っていました。

　最初は、どういう意味だろう？　と思っていたのですが、意味が分かりとても納得しました。オンラインコミュニケーションが主流になると、皆それで満足してしまいます。ある程度しっかりと意思疎通が可能ですし、スピード感も速い、なによりも楽です。

　私も対面でのコミュニケーションも好きですが、オンラインコミュニケーションの良さを知ってしまっては、もう前のようには戻れないなと思います。そうすると、「**リアルで会う**」ことが特別な事柄になるのです。

　営業の常套句のように使われてきた言葉に、「とりあえず一度お会いして、ご挨拶でも…」というものがありますが、これからはこの考え方は一切通用しなくなります。リアルで会う人は限られるようになってくるのです。オンライン上でしっかり

と信頼関係を構築し、「**この人は会う価値があるな**」**と判断され
て初めて、リアルでお会いする機会が得られるようになります。**

　オンラインコミュニケーションは希薄だから、パソコンが使
えないから、なんとなくやりづらいから……。そうやって避け
ていても、リアルで会う機会は巡ってきません。お客様とリア
ルでお会いしてがっちりと握手をしたいからこそ、私たちは今、
オンラインのコミュニケーションに注力すべきタイミングなの
です。

第 5 章

結果を出すための「新規開拓」

「新規開拓」という名前に込めた想い

　私が設立した会社、「株式会社新規開拓」の名前の由来は、もちろん営業の新規（お客様）開拓から取っています。35歳の時に入社した前職の会社で、初めて営業という世界に飛び込み、それから3年で私はトップセールスを獲りました。社員230人、売上が約23億円の会社で、最盛期には、私一人で1億円の売上をあげました。

　営業を始めてすぐに、「この会社でトップセールスを獲るぞ！」と決めていたので、喜びはひとしおだったのですが、当時の上司にこんなことを言われました。「朝倉さんは1年目からトップだったよ」と。「え、どういう意味？」と思い確認した時、「新規開拓では1年目からトップだった」と。

　もっと早く教えてくれよ！（心の声は大阪弁）

　とは思いましたが、やっぱり嬉しかったですね。

　そのエピソードから、会社を設立した時は、「株式会社新規

開拓」という名前をつけました。

　営業において、新規開拓というのは、非
常にフェアな世界です。入社したばかりで
右も左も分からない新米セールスも、バリ
バリ売っている凄腕トップセールスも、目
の前のお客様にとっては「初めて会う人」で
す。お客様との繋がりが何もない中、ゼロから関係を構築して
いくというプロセスには、これまで営業を何年間やってきた、
とか、会社で〇番目に売れているとかいう情報にはあまり価値
がありません。

新規開拓だけが、誰しもが平等に戦えるフィールドです。

　実は、私は飛び込み営業で門前払いにあったことが一度もあ
りません。全くの未経験であった私が、どうやってお客様から
の信頼を勝ち得ていったのかについての具体的な方法は、過去
の私の書籍にたくさん書いてありますのでぜひそちらを読んで
みてくださいね。

　特に、『初対面の１分間で相手をその気にさせる技術』（右上
／日本実業出版社）が、図解版もありおすすめです。初対面の
方との対応方法について具体的に書いてあり、男性でも女性で

も、本に書いてある内容をそのまま実践していただくだけで、印象力が激変します！

　新規開拓というフィールドでは、経験があってもなくても、男性でも女性でも、スーツを着ていてもカジュアルな服装をしていても、イケメン（美人）でもそうでなくても、そんなことはすべてどうでもよくて、目の前のお客様から「ＹＥＳ」を引き出せた人が勝ちなのです。

　私はもともと、「働く女性を応援したい」という気持ちで起業しています。先ほども述べましたが、女性たちはまだまだアンフェアな立場に置かれることも少なくない日本社会（起業した当時は、今よりももっとひどかったです）。

「新規開拓」という名前には、今弱い立場にいる人も、誰もがフェアな戦いをできる世界にしたい、との願いも込められています。

　そして今、オンライン時代が到来し、私たちの主戦場が変わりました。ここからまた皆が平等にスタートダッシュを切る（早い人はもう切っています）タイミングです。今すぐ！　動いてください！

ウェブ会議で、契約は取れる？

　リモートワークを導入し、社内メンバーとの「Zoom」会議を経験した私は、「なんて便利なんだ！」と心が躍りました。出勤しなくても、新幹線に乗らなくても、自宅にいながらリアルタイムに繋がれる快適さに、すぐに虜になりました。断言しますが、私はリモートワーク以前の働き方にはもう戻れませんし、戻る気もさらさらございません。

　しかし、「営業面談としては使いづらい」という声がチラホラ聞こえてくるようになりました。特に新規の顧客開拓ではなおさら、というのです。

　不動産業界で働く、ある若い営業マンがこんなことを言っていました。

　「Zoom も使ってみましたけど、あれはすでに契約が済んでいるお客様に説明をするためのツールですね。あれでクロージングなんて絶対無理です。Zoomだけで信頼関係は築けません」

彼と同じように、「Zoom」で高額商品は売れない、という意見をよく見ます。しかしこれは思い込みです。序章で紹介したとおり、私自身が完全リモートで物件のリノベーションを契約しました。新築ではないものの、高額商品に分類されることは間違いないでしょう。しかも私はいわゆる新規顧客です。そう、オンラインであっても、高額商品を売ることは可能なのです。

　私は彼の話を「無理だと決めつけてしまっては、その先はないのにもったいないな」と思いながら聞いていました。とはいえ、彼が言いたいことも分かりました。

　リアルの場であれば、場の雰囲気や、挨拶、表情、スーツ、ペンを差し出す手、など様々な要素を積み重ねて、信頼関係を少しずつ構築していきます。そして、あまり大きな声では言えない話ですが、目の前に人がいると「断りづらい」というのも大きなポイントです。

　ウェブ会議を使って営業をやろうとすると、次回のアポに繋がらなかったり、直前でキャンセルされたりする事案が、リアルの時よりも増えているのは事実です。繋がるのが簡単な反面、切るのも簡単。ウェブ会議での商談を行う際に、気をつけたいポイントです。

　社内でのコミュニケーションや、既存のお客様との連絡には

使えるのに、新規のお客様に対してはウェブ会議が使いづらい。その違いはなんでしょう？　それは、**相手の聞く耳が立っているかどうか、**だと私は考えています。

　オンラインでもリアルでも、お客様というのは基本的に営業の話を聞きたいとは思っていません。飛び込み営業だけではなく、お客様自身が店舗に来店された場合でも、です。でもその場にいれば、営業の努力でお客様に心を開いていただいたり、お客様も「まぁ、断るのも悪いし」と話を聞いてくださったりします。

　これが、画面を挟んだコミュニケーションだと、「話したくないしキャンセルしよう」「いらないから断ろう」が簡単にできてしまいます。**営業の話を聞くメリット、価値を感じていただけなければあっさりと縁を切られてしまいます。**

オンラインは、お客様との
初対面の前が勝負！

　ではどうすればいいのでしょうか？

　答えは実は簡単です。**お客様との商談前に信頼関係を構築しておくのです。**もちろん、言うは易く行うは難し、です。

　これまでのリアルでの対面を前提とした営業では、お客様とお会いしたところがスタート地点でした。そこをゼロとして、1つずつ信用・信頼を積み上げていきます。仮に信用・信頼ポイントが100になった時点で契約が成約できるとします。

　これからは初回商談の時点で、信用・信頼ポイントを50ほど持っている状態になっておかないと、オンラインの接点だけで0から100まで積み重ねていくのは難しいのかもしれません。

　そのための方法が2つあります。

　まず1つ目が第3章でお伝えした、情報発信をすることです。

◇大きく変わった、購買行動

■ AIDMAモデル （1920年代〜）

A: Attention	I: Interest	D: Desire	M: Memory	A: Action
認知	興味	要求	記憶	行動

■ AICEASモデル （2010年代〜）

ロコミ等

A: Attention	I: Interest	S: Search	C: Comparison	E: Examination	A: Action	S: Share
認知	興味	検索	比較	検討	行動	共有

　ここで先ほどお伝えした、購買プロセス「ＡＩＤＭＡ」と「Ａ
ＩＳＣＥＡＳ」を思い出していてください。これまでの営業ス
タイルでは、営業とお客様の初対面（実際にお会いするタイミ
ング）は一番初めのＡ（認知）のタイミングであることが多くあ
りました。

　しかし、これからはお客様が営業の話を聞こうとするポイ
ントは、「ＡＩＳＣＥＡＳ」でいうと５番目の「Ｅ：Examination
（検討）」の段階になります。実際にお会いする、ウェブ会議で
顔を会わせるその前の４段階のうちに、自分自身あるいは自社

を信用信頼していただいていなければ、聞く耳を持ってもらえ
ず、あっさりと断られてしまうという結果になります。

「ＴＳＬ」でオンラインリテラシーに関する講座を担当してく
ださっている但馬薫講師は、ＳＮＳやウェブの活用についてこ
のように仰っていました。「ＳＮＳやブログ、ウェブサイトと
いうのは宣伝のための拡声器だと思うとうまくいかないんです。
あくまで信用・信頼を貯めていく器なんです」と。

　なるほど！　と思い、以来私もＳＮＳに対する考え方も変わ
りました。新規顧客獲得のためにＳＮＳを活用している人は多
いですが、「これ買って！」「これ買って！」とばかり言ってい
る人の話を聞きたいとは思えないものです。もしかすると投稿
する度に信頼を損ねているのかもしれません。

信用と信頼の違い

オンラインの時代は、これまで以上に「信用」「信頼」が大切になります。ところで、信用と信頼の違いについて意識したことはありますか？

私がまだ営業として新人だったころ、上司から「**あなたは信用できるけど、まだ信頼はできない**」と言われたことがあります。そして信用と信頼の違いを教えてもらいました。一般定義とは少し違うかもしれませんが、私が教えていただいたこことをそのままお伝えします。

信用できる人とは、ウソをつかない、裏切らないなど、人として間違ったことをしないと思える人。信用を得るためには、誠実な人間性が必要です。

信頼できる人とは必ず結果を出してくれる、仕事を任せることができて期待を裏切らない人。信頼を得るためには仕事の実績、責任感、強い意志が必要です。

このように教えられました。

信用できるけれども、仕事の場面で信頼できない人もいます。誠実だけれども、結果を出していくだけの仕事の実力を持っていない人です。反対に、信用はできないけれど、信頼できる人もいます。人間的にどうかと思う部分があるけれど、任された仕事は絶対に成果をあげる人。

もちろん、一番素晴らしいのは信用も信頼もできる人です。そして**オンライン上に情報発信をする際にも、信用と信頼の両方を重ねられるように意識する必要があります**。仕事の実績だけを淡々とアップするだけではなく、人柄人間性を感じてもらえるような投稿も入れてみる。そのようなことを意識してみてください。自分自身の投稿、自社のウェブサイトを「これを見て、お客様は自分を信用、信頼してくれるだろうか？」と客観的に見ることも大切です。

信用も信頼も築くのに多くの時間を必要とします。１つ１つコツコツと積み上げていきましょう。

信用信頼を一気に積み上げる最短の方法

　商談前に、お客様からの信用信頼を獲得する方法がもう1つ
あります。しかも非常に強力な方法です。それが「紹介」です。

　**自分が信用する人に紹介された人であれば、最初からお客様
は話を聞く準備ができている状態です。**紹介をしてくださった
方の信用力をお借りし、お墨付きをいただいているからです。

　ではどうすれば紹介してもらえるのか？
　私の答えは2つです。

・既存のお客様との信頼関係を強化する（アフターフォロー）
・期待を大きく上回るサービスを提供する

　1つずつ見ていきましょう。

アフターフォローの重要性

　新規顧客の獲得というと、すぐにアポイントを増やそうとか、飛び込み営業をしようという発想になりますが、既存のお客様を大切にすることが、新規開拓には最も有効な手段の１つです。

　先ほど、「株式会社新規開拓」という社名は、私が入社１年目から新規開拓営業のトップを獲ったことが由来だと紹介しました。ここまでは講演やセミナーなどでもよくお話をすることなのですが、実はこの先にポイントがあります。

　その後３年目で、すべてを含めた営業成績でもトップに立ちましたが、実は２年目以降の新しいお客様はほぼ100% 既存のお客様からの紹介でした。そうすると新規のお客様を獲得するための時間と心的ストレスが少なくなり、既存のお客様に対するケアやサポートに十分な時間を割けるようになりました。

　いくら私は新規開拓が得意だとは言っても、そもそも先方がその商品を求めているかも分からないようなゼロスタートよりも、ある程度購入（導入）する意思があるお客様で、かつ知人

の方から「あの人なら信頼できるよ」とお墨付きをもらっている状態のほうが、成約率が高いのは言うまでもありません。

私が敬愛するイメージトレーニング指導の第一人者・西田文郎先生は著書『消費は０．２秒で起こる！ 人を動かす「脳の法則」』（現代書林）の中で、「１：５の法則」というものが紹介されていました。**既存のお客様を守り育てる努力を１とすると、新規顧客獲得のための努力は５になるといいます。**

新規顧客を開拓しよう！ と努力をすることは大切ですが、時間をかけて既存顧客フォローすることで、より大きな効果を発揮することができる可能性があることも知っておいてくださいね。

「紹介をしてもらえませんか？」と言う勇気

　お客様から紹介をいただけるようにしましょう、という話をすると、十中八九、「毎回お客様にお願いするんですか？」と聞かれます。

　そうです、毎回です。断られることももちろんありますが、言わなければ確率はゼロです。

　私は、お客様との商談の終わりに、このような流れで必ず紹介のお願いをしていました。

私「本日はありがとうございました。お話を聞いていただいていかがでしたか？」

お客様「うん、良い話だったよ」

私「ありがとうございます。実際にこの情報をお待ちになっている大切な方を、ぜひともご紹介いただけませんか？」

お客様「そうだなぁ、●●社の社長なんかは喜びそうだなぁ。
　　　　今度連絡しておくよ」

私「ありがとうございます」

　と、ここまではよくある話です。さらに大切なのはその先な
のです。

私「ぜひ、この場でご連絡をしていただけませんか?」

　ともう一歩踏み込むのです。厚かましいですよね。でも今度
とお化けは出ないのです。**いま、ここで紹介をいただかなけれ
ければ次のチャンスはないと考えてください。**その場の雰囲気
で「あとで連絡しておくよ」と言ってくださる方はたくさんい
ますが、実際に行動を起こしてくださる方は少数です。

　ファストフード店でハンバーガーを購入すると、「ご一緒に
ポテトはいかがですか?」と尋ねられます。このように声を掛
けられるからこそ、YES・NOが明確になります。

　お客様にとって、本来の目的は「ハンバーガーを購入するこ
と」だったはずです。「ポテトも購入する」という目的外のこと
をやっていただきたい時には、こちらから提示してみないこと

には、行動は起こしていただけません。

　紹介の事例でも同じです。お客様にとって目的は自分の買い物だけです。しかし、紹介というのは営業サイドの都合です。お客様の目的にないことをしていただきたいのですから、一歩踏み込んで聞いてみないことにはその先には進めないのです。

　そしてお客様から紹介をいただく際には、必ずセットで覚えておいてほしいことがあります。それは、**必ずプロセスを「報告」すること**です。

　紹介をした側は、「あの後どうなっているのかな？」と必ず気にしています。しかし多くの営業は紹介をいただいた後の経過の報告をしていません。せっかく紹介してくださったのに、不安な気持ちにされては、次また紹介をしようという気持ちは起きません。

　もちろん個人情報の兼ね合いで、何でもかんでも報告すれば良いということではありません。先方にも許可を取った上で、「今どういう状況なのか」「決定したのか、しなかったのか」などを報告したほうが良いということは、忘れないでくださいね。

期待値を大きく超えると、
誰かに教えたくてたまらなくなる

　一方で、オンラインの時代には、私たちの意図しないところで起きる、お客様の口コミの効果も無視できません。

　ＳＮＳを開くと、「うわぁ！　こんな素敵なお店があるの？」「こんな大盛り食べれるの⁉」とびっくりするような情報がたくさん出てきます。ＳＮＳでたくさんの感動を生み出せそうなコンテンツを「映（ば）える」というそうです。

　私は普段、外食をした時に写真を撮る習慣はありませんが、「うわ！　これすごい！」と思った時はついスマートフォンを取り出してしまいます。自分で見るためではないです。誰かに見せるためです。

　例えば、ホットケーキが２枚お皿に載っていても「美味しそうだな」と思うだけですが、ホットケーキが20枚載って出てきたらどうでしょうか？　びっくりしますよね。そしてきっと、この驚きを誰かに教えたくてたまらなくなるはずです。

　もちろん、大盛りや過剰なサービスを推奨している、という

ことではありません。**期待値を超えるというのは商品そのもの
だけではなく、営業の対応や会社としての姿勢でも見せること
は可能です。**

　弊社の研修を受けたある受講生は、リフォーム業界の営業ス
タッフです。彼女はお客様のご自宅の写真をずっと撮りためて
いました。リフォーム前の様子、施工中の様子、そしてリ
フォームが終わり生まれ変わった様子……。そしてそれらの写
真を一冊のアルバムにまとめ、リフォーム完成の時に施主様に
プレゼントしているそうです。

　施主様は「え⁉　こんなもの用意してくれていたの？？」と
きっとビックリされたと思います。そして、生まれ変わったご
自宅に遊びに来てくれた友人の方に、「こんなものもらったん
だ」と教えたくなるはずです（私なら、絶対に話しますし、ブ
ログにも書きますし、ＳＮＳにも載せます！）。

「この前行った美容室よかったよ」「あのお店美味しかったよ」
「〇〇会社の営業の人、めちゃくちゃ良い人だよ」そんな会話が、
毎日ＳＮＳ上では無数に繰り広げられています。

　皆さんの商品、サービスは、「人に教えたくてたまらなくな
るもの」でしょうか？

画面越しのクロージング

「Zoomでの商談の時には、どのようにクロージングをすれば いいですか？」

という質問を受けました。結論から言って、リアルの商談で も、「Zoom」での商談でもやるべきことは同じだというのが私 の考えです。

クロージングはプロポーズと全く同じです。笑いながらプロ ポーズすれば、笑いながらかわされます。ひるんで想いを伝え られなければ、ＹＥＳもＮＯももらえません。

真剣にプロポーズするからこそ、相手も真剣に返答しようと してくれます。

当たり前のことです。営業も、真剣にアプローチ、真剣にク ロージングするからこそ、相手も真剣に受け止め本心を出して くださいます。

とはいえ、お客様のほうから「いやぁ、待ってましたよ！」なんて言ってもらえることはまずありません。もしもそうであれば商品そのものが欲しくて、担当は誰でも良かったのかもしれません。

営業は断られてからがスタートです。断るには断るだけの理由がある。でも、もし断る理由がなくなったら？

「Zoom」での商談はリアルタイムではあるけれども、リアルではありません。その意味で、リアル以上の目配り気配りが求められる場面は出てくるでしょう。

リアルの商談よりも細かい資料、お客様の不安を先回りした事前準備………。お客様の不安点、不満点、疑問点を一つひとつ丁寧に取り除いていき、お客様が断る理由を一つずつ無くしていきます。

「断られたらどうしよう」

そんな遠慮は不要です。
この商品を使うことでお客様の未来がより良くなることを確信しているのであれば、クロージングＧＯです！

第 6 章

「あなたから買いたい！」と
言われる自分となれ！

若い人から教えてもらうことを厭わない

　オンライン営業、テレワーク……四苦八苦しているのは主に40代以上の人たちです。若い人たちは幼いころからデジタルの世界に慣れ親しんでいるので、新しい働き方にもスッと馴染んでいきます。初めて扱う機器でも、初めて導入するサービスでも、自分でささっとネットで検索して先に進んでしまいます。

　劣等感を感じます。できない自分が情けない気持ちにもなります。でも、「笑われたら恥ずかしいから」と分からないことを聞かず、そのままにしていれば一生分からないままです。「部長がZoomを使えないから、うちはテレワークができない」と、陰で部下は嘆いているかもしれません。

　自分たちの古い価値観に固執して、新しいものを排除しようとしたり、若者の活躍を無意識に妨げていたりする人のことを「老害」というのだそうです。嫌な言葉ですね。

　でもこの大きな社会の変化の中でも、頑なに変わろうとしない人たちをたくさん見る中で、「あぁ、若い人たちが見ていた

184

のはこういう景色だったのか」と気づきました。

　私は子どものころから、知ったかぶりだけはするなと教えられてきました。

「聞くは一時の恥、聞かぬは一生の恥や。
分からんことがみっともないことやない。
分からんのに、知ったかぶりするほうがみっともない」

　父に何度も言われました。今、改めてこの言葉の意味を噛みしめています。

　特にＩＴ、オンラインの分野は、やっぱり若い人たちのほうがずいぶん精通しています。自分の部下に教えを乞うというのは恥ずかしいと感じる人もいるかもしれません。でも、分からないままでいることのほうがよっぽど恥ずかしいことです。

　もうずいぶん前の話になりますが、企業研修が終わり、会食の時にその会社の社長からこんな相談を受けました。

　「朝倉先生、僕は、お箸を正しく持つことができないんです。これは、直したほうがいいですか?」

私は即答しました。

「直してください。部下が恥をかきます」

　そしてその場で私からお箸の持ち方をレクチャーさせていただきました。社長は私よりも30歳は年上です。でも熱心に私の話に耳を傾けてくださいました。

　2ヶ月後、改めてお会いした時に、「朝倉先生、私も箸の持ち方をマスターしましたよ！」と報告をしてくださいました。実際に見せていただきましたが、完璧に習得されていました。そして、「あの時、恥を忍んで相談してよかったよ」と仰ってくださいました。

　私は、自分より年下の人、立場が低い人に対して頭を下げ、教えを乞える人ってすごいな、と思います。誰だってプライドがありますから、簡単には素直になれないのです。統計を取ったわけではありませんが、私がこれまでたくさんの方に出会って感じるのは、素直になれない人が90%以上だと思います。

　年を重ね、立場が上がると、できていないことを指摘してくれる人がどんどん少なくなります。周りは自分より年下の人ばかりになり、見栄が邪魔をして、できていないと自覚している

ことすらも、改める機会が少なくなります。

　でも、面と向かって言われないだけで、みんな思っています。

「あの社長は、箸もうまく使えないのか」
「専務は、いまどきパソコンも使えないのか」

　学び始めるのに早いも遅いもありません。できていないと気づいた時からがスタートなのです。そして練習は絶対にウソをつきません。100％当たる宝くじ、それが練習であり努力です。

　ぜひ、恥ずかしいと思わずに、若い人に教えを乞うてください。その勇気ある一歩で、必ず未来が大きく変わります。

あなたに会いたい、そしてあなたから買いたいと言われる人になれ！

「あなたから買いたい！」と言われる自分となれ！

これは我が社の社是です。究極の営業は、何を売っても売れるのです。お客様はその人が売っている商品が欲しいのではなく、ただその人から買いたいのです。

私は、営業の本質として、「何を売っているか」ではないということを常々考えてきました。オンライン時代の営業力というと、いかにパソコンが使えるかとか、こんな便利な新機能があるとか、画面共有の資料がどうだとかいう話に終始してしまいがちですが、それらはあくまですべて手段、ツールの話です。

本質は、オンラインでもオフラインでも変わっていません。何度も言っておりますが、「信頼される人間になれ！」、これに尽きます。

そのためには、誠実に、誠心誠意を尽くし行動することを忘れず、「熱意と努力と創意工夫」がやっぱり大切です。

　弊社の顧問弁護士である、高井伸夫先生が創意工夫について
このように語っていらっしゃいました。

「創意工夫とは、自分の商品をよく勉強すること。
　お客様の商売を熟知することだ（彼を知り己を知りて百戦危
うからず）。
　創意工夫の次にはお客様に好意を持つ。
　すなわち**お客様から好かれるのではなくお客様を好きになる
こと。**
　そしてお客様のお役に立つという精神を持つこと……」

　だからこそ営業として一番やってはいけないのは、「自分は
良いと思っていない」商品を売ることです。そもそも自分すら
その気にさせられていない時点で売れるとは思えません。お客
様は営業をよく観察しています。

　人というのは、心底ウソをつくことはできないものです。自
分の心の中に迷いがある状態では、ちょっと引いてしまったり、
目が泳いでしまったりして、堂々と商品の魅力を語ることがで
きません。

　会社に対する自信、商品に対する自信、そしてそれを売って
いる自分に対する自信がある人とそうでない人とでは、天と地

ほどの違いがあります。

「お客様があなたの商品を使う（手に入れる）ことによって良くなるのであれば、もっといきなさい」

　私は、営業研修の受講生にも、社員にもこのように伝えています。いま、商品力で勝負するのはどんな業界でも厳しい時代です。衣食住どれをとっても、品質の良いものがずらりと並んでいます。この先はやっぱり「情熱」しかないのです。

　世の中に、一生懸命努力をしている人はたくさんいます。それでも頂点を極めることができるのはほんの一握りです。その差は何だろう？　とずっと考えていました。もちろん「運」もあります。でも、「使命感」というのが１つの大きな要素になるのではないかと私は考えています。

　自分がやっていること、自分が今売っているものが、本当にお客様のためになる、ひいては世の中のためになると信じている人。この人たちは、努力を努力とも感じず、爆裂に邁進していきます。

　それに対して、「この１件が決まれば、報奨金が５万円入るから……」と自分のこと、目先の利益のことばかり考えている

人が同じところにたどり着けるはずはありません。

　とにかく誠実に、誠心誠意相手に尽くし行動することを忘れないでください。

　尽くせば尽くされる——。
　ツールは変わっても、時代が変わっても、人の心は変わらないのですから。

ギブ！ ギブ！ ギブ！

　ここでこの章は終わろうかと思っていたのですが、受講生からこんな質問をされました。

　「『何でも売れる営業力』と『商品愛』というのは矛盾していませんか？　肉でも、魚でも、野菜でも売れる営業力を持っていても、**結局〝お肉屋さん〟だったらお肉を売りますよね。**昨日焼肉を食べた人に対して、心から今日もお肉を勧められるのですか？」

　この質問に対して、私は２つの視点で返答をしました。

　まず、昨日お肉を食べた人に対してお肉を売るということ。これはできます。私がお肉屋さんであれば、「豚ロースいかがですか？」「牛肉の細切れが安いですよ」という売り方はまずしません。

　「今日はビーフシチューにしませんか？」
　「今日はピカタにしませんか？　レシピも渡しますよ」

　など様々にアレンジをしていつも新しい気持ちでご購入いただけるように工夫をします。「モノではなく物語を売る」というのは、これまでの著書でもたくさん書かせていただきました。

　ただの肉の塊を売ろうとすると、毎日ご購入いただくのは難しいかもしれません。でもその先のストーリーを売ると考えれば、毎日売っているものは違うのです。

　「商い」とは「飽きない」。お客様をいかに飽きさせないかという工夫が問われています。

　そしてもう１点。どれだけ自分のお店のお肉が最高だと思っていても、目の前のお客様が本当に魚を求めている、魚を必要としている場面であれば、私は迷わずおススメの魚屋さんを紹介します。

　営業の本質とは、自社（自分の店）の商品を売ることではありません。目の前のお客様の「困った」を解決することなのです。他者（他社）を売れる営業はめったにいません。

　でもどうでしょうか。魚屋を提案されたお客さんは、それをきっかけにお肉屋さんには通わなくなるでしょうか。知らないところでお客さんを紹介されたお魚屋さんは「しめしめ」と、

そのお客さんを囲い込もうとするでしょうか。

　きっと違いますよね。自分の利害を超えたお肉屋さんの行動に、感謝し、次の機会には別のカタチでお返しをしたいと思う人が大半だと思います。

　このお肉屋さんの行動は、今日の売上には繋がらないかもしれませんが、お客様・魚屋さんとの信頼の絆はとても強くなったはずです。そしてそれが未来の利益に必ず繋がります。

　結局、**ギブをする人が一番得をするのです**。もう一度言います。営業の本質は、「売る」ことではなく「お客様の"困った"を解決する」ことです。このことだけは忘れないでくださいね。

おわりに

　今から17年前、私は一度デジタルを捨てました。

　私の講演では、パワーポイントなどの資料投影は一切行っていません。部下たちは、「朝倉社長は、パワポが使えないからあのスタイルなのだ」とずっと思っていたのだそうです。

　しかし、私にもパワーポイントを使って講演をしていた時期がありました。当時は一人に一台のパソコンなんてなかった時代ですので、むしろ最先端でした。

　講演も、自己紹介まですべてパワーポイントで資料を作り進行していました。

　資料は何度も作り直し、中に映像を埋め込んだりしながら、当時にしてはとても凝って作っていました。しかしパソコンが苦手なのは今も昔も変わらず、1回の講演資料を作るのにとんでもない時間がかかっていたのです。

　それでも、多くの人に情報を届けるためには、大画面で見られるパワーポイントを活用しなければならないと焦っていました。

終いには、食事をしながらもパソコン作業をする有様……。

その様子を見ていた父に、言われました。

「おまえを見てたら、気の毒や。わしが秘書になったろうか？」

当時はまだ独立して間もないころ。社員は一人もおらず、当たり前ですが自分でやらなければ誰もしてくれません。

必死に資料を作り込むものの、プロジェクターとの相性が合わなかったり、途中でパソコンがフリーズしたりする可能性もありました。

この時、父の言葉に、ハッとしました。

資料作りに、心も時間も奪われてしまっていないか？
私は、お客様に資料を見せたいのか？
何か伝えたいことがあるからこそ、ステージに立っているのではないのか？

そして、「**よし！ マイク一本で講演ができる講師になる！**」と自らに誓ったのです。

あれから17年。そんな私が今度はアナログを捨てる決断をしました。もう社会も、私自身の気持ちも過去に戻ることはありません。

　17年前に戻ったの？
　いえ、それは全く違います。

　パワーポイントでなければ、多くの人に情報が届かない。
　リアルでなければ、想いは伝わらない。

　私は17年越しに２つの思い込みを捨てましたが、どちらも前向きな選択だったと確信しています。

　年月が経てば世の中の流れも違ってきます。自分の置かれている状況、立場も全く変わります。特に今はその変化のスピードがこれまでにないくらい急速です。

　自分の心の軸としてある「信念」だけは変えてはならない。でも、それ以外なら、全部捨てて、全部ゼロにして、全部変えたって構わないのです。

　この数ヶ月、私も、社内でも、たくさんの破壊と創造を行ってきました。短期間の間に、作っては壊し、作っては壊し、繰

り返してきました。

　この本の中では、その中で社員に伝えてきたこと、そして社員と一緒に見つけてきたこともたくさん書かせていただきました。

　今もまだ破壊と創造の過程にいますが、明らかに流れは変わりました。それも良い方向に。

　私が主宰している、女性のための仕事塾「トップセールスレディ育成塾」（ＴＳＬ）は今、すべてオンラインで講座を行っていますが、受講生たちの学びの熱量はすさまじいのです。

時代の波に乗るのではなく、時代を創り上げていくんだ！

　そんな意気込みで、私も渾身の力を込めて語り、その一言一句を聞き漏らすまい、どんな学びも吸収しよう、と身を乗り出して受講をしてくださいます。

　オンラインなのに、身を乗り出して聞いていることが分かるのです。

　何百キロ離れていても、熱い想いがこちらまで伝わってくる

のです。このようなことは、これまで本当に想像もしていませんでした。

　コロナの・せ・い・ででではなく、コロナの・お・陰・で私の価値観は大きく変わりました。同時に、新たな価値観に基づいて、行動を大きく変えました。

「思い切って一歩前に踏み出す勇気がいかに大事なのか！」

　この数ヶ月間を経て、改めてそう強く実感すると同時に、私自身の行動によってそのことを皆さんにお伝えできたのではないかと思っています。

　振り返ってみれば、ここ数年はチャレンジ意欲の塊を捨てていたかもしれません。経営者としての自覚と認識は年々深まるものの、どこか守りに入っていたように思います。

「順境の時は人は変われない。
　逆境を乗り越え人は強くなる」

「千恵子、驕り高ぶったらあかんで。
　今日、お前があるのは支えてくれている人たちのお陰や。
　社員さん、大事にしいや。

　社員の家族も大事にするんやで……」

　耳にタコができるほど実家に帰ると呪文のように毎回耳にしていた父の言葉。
　しかしながら、もうその声を直接聞くことはありません。

　2020年3月6日、父は他界しました。
　前年の11月3日に亡くなった母の後を追うように、この世を去りました。

　両親が大好きだった南紀白浜。
　父母の新婚旅行の場所であり、私の青春の思い出のたくさん詰まった場所……。その場所をこれからの第二の人生の場所として選んだのも、きっと意味があると思います。

　最後になりましたが、今回の出版にあたり、多くの方々の支えがありました。

　完全リモートでリノベーション物件をつくりたいという、私の無茶ぶりを聞き入れてくださり、見事なワーケーション物件を作ってくださった積水ハウスグループの加藤雅之さんはじめ、リモート・リノベーション・プロジェクトメンバーに心からお礼申し上げます。

この度の出版の機会を提供してくださり、最後の最後までき
め細やかな対応をしてくださった実業之日本社の大串喜子さん。
ＴＳＬ第10期・18期・71期の塾生であり、私のとても大切な
信頼できる編集者です。

　本書のライティングを務めてくださった但馬薫さん。

　そして、今回の出版企画を担当してくれた弊社社員川上由
佳・阿部由里に心からの感謝を申し上げます。

「支えられて今がある……」

　私はこの言葉を更に深く胸に刻みました。

　そして、これからはご縁をいただいた全ての方々に恩返し・
恩送りができる人生を必ず歩みます。

「千恵子、
　お金や地位・名誉はあの世には持って行かれへん。
　しかし、一度身につけた知識・教養は一生もんや……」

　父の直接の声をもうこの先聞くことはできませんが、礼儀に
厳しかった父の教えを私はこれからも実行していきます。

　私の人生の目的は、

「縁ある全ての人に愛と勇気を与え共に成長・成功すること」

　これは弊社の経営理念でもあり、どんなことがあっても揺らぐことのない「信念」でもあります。

　皆様の支えあって、この本が誕生しました。

　本書を手に取ってくださった方々に素晴らしい未来が訪れることを心から願います。

2020年 秋　朝倉千恵子

厳選 朝倉千恵子の
YouTube 営業レクチャー

　文字情報では伝えきれない営業マインド、スキル＆テクニック
について、YouTube にて映像配信、音声配信を行っています。こ
れまでアップした中で、反響の大きかった12本を厳選してご紹介
いたします。ぜひ皆様のこれからの営業にお役立てください。

 ［カテゴリー］人材論
［タイトル］アフターコロナを生き抜く人の共
通点〜ぶっちぎりの結果を出す人
が大切にしていること〜
［URL］https://youtu.be/rS4o95hrLrM

 ［カテゴリー］人材論
［タイトル］ＡＩ時代を生き抜く人の共通点〜
コミュニケーション力が高いって
どういうこと！？〜
［URL］https://youtu.be/NCQzbm7--ZI

 ［カテゴリー］営業
［タイトル］売れない営業は、まず「声」を鍛
えなさい！声が変われば売り上げ
が変わる！
［URL］https://youtu.be/DzIfGZu9EZg

［カテゴリー］営業
［タイトル］売上アップを目指すなら、まず発想を変えよう！　３：４：３の法則を知っていますか？
［タイトル］https://youtu.be/jIgHzTgx6Rc

［カテゴリー］営業
［タイトル］お客様の断り文句への切り返し６つのポイント
［URL］https://youtu.be/biC89iXbnq0

［カテゴリー］営業
［タイトル］お客様のイエスを絶対に引き出す応酬話法
［URL］https://youtu.be/UuuKQbOfBBU

［カテゴリー］営業
［タイトル］大嫌いだったテレアポを私が克服した方法
［URL］https://youtu.be/0aHbgZrgvS4

［カテゴリー］コミュニケーション
［タイトル］怖そうな人の懐に入る方法〜強面上司や、無愛想な取引先の重役とどう対峙する！？
［URL］https://youtu.be/DlD4Qgv9HZ0

［カテゴリー］コミュニケーション
［タイトル］なぜあの人は好かれるのか？好かれる人と嫌われる人の違いは？
［URL］https://youtu.be/-uUojLygvLs

［カテゴリー］社内営業
［タイトル］感情の起伏が激しい上司とのコ
　　　　　ミュニケーションの取り方
［URL］https://youtu.be/g8R6jn5rI8g

［カテゴリー］社内営業
［タイトル］上司や会社からの人事評価をもっ
　　　　　と上げたい！　と思ったときにと
　　　　　るべき行動
［URL］https://youtu.be/FTkYMjBrRVk

［カテゴリー］社内営業
［タイトル］ゆとり世代・さとり世代のやる気
　　　　　を引き出す魔法の声掛け
［URL］https://youtu.be/RigHCjd5Nk0

　このほかにも仕事と営業、そして人生に役立つ情報をたくさんアップしています。

　ぜひ、チャンネル登録して、チェックしてくださいね。

朝倉千恵子　YouTube　｜検索｜

https://www.youtube.com/channel/UCqj_BJ9Zp4CB4OtYWARZSdw

朝倉千恵子 （あさくら・ちえこ）

株式会社　新規開拓代表取締役社長
「トップセールスレディ育成塾」（ＴＳＬ）主宰

大阪府貝塚市生まれ。小学校教師、税理士事務所、証券ファイナンス会社などの勤務を経て、「地獄の特訓」で有名な（株）社員教育研究所に営業職として入社。営業未経験ながら、礼儀礼節を徹底した営業スタイルを確立し、3年で売上No.1、トップセールス賞を受賞。
その後、自身の営業ノウハウを広く伝えるべく独立。2004年6月（株）新規開拓設立。「教育で日本を変える」その信念の下、"人財教育の駆け込み寺"として、全国各地、業界問わず研修・講演活動を精力的に展開。
2003年9月より女性のための仕事塾TSLを主宰。卒業生は2,700名を超える。
主な著書に『すごい仕事力』（致知出版社）、『営業嫌いだった人が1億売る人に変わる「仕事ノート」』（プレジデント社）、『コミュニケーションの教科書』（フォレスト出版）他多数。本書が40冊目の著書となる。

「私、パソコン苦手です」という人のための
Zoom 時代のリモート営業入門

2020年11月1日　初版第1刷発行

著者　　　朝倉千恵子
発行者　　岩野裕一
発行所　　株式会社実業之日本社
　　　　　〒107-0062 東京都港区南青山 5-4-30
　　　　　CoSTUME NATIONAL Aoyama Complex 2F
　　　　　【編集部】TEL.03-6809-0452
　　　　　【販売部】TEL.03-6809-0495
　　　　　実業之日本社のホームページ https://www.j-n.co.jp/
印刷・製本　大日本印刷株式会社